정책연구시리즈 2022-03

비용/편익의 불확실성하에서 상향식 타당성 투자 분석방법 연구: 도로부문 예비타당성조사의 경제적 타당성 평가를 중심으로

김강수

정책연구시리즈 2022-03

비용/편익의 불확실성하에서 상향식 타당성 투자 분석방법 연구: 도로부문 예비타당성조사의 경제적 타당성 평가를 중심으로

저 자

김강수 | 한국개발연구원 선임연구위원

연구지원

박선욱 | 한국개발연구원 연구원

발간사

교통투자사업의 편익과 비용 예측 결과는 사업의 추진 여부뿐만 아니라 시설의 규모, 요금 수준 및 투자의 효과성을 평가하는 데 중요하다. 본 보고서는 예비타당성조사의 교통량 및 비용 예측오차 확률 분포를 통해, 경제적 평가 결과의 불확실성 정도를 분석하고, 이를 통해 사전에 효율적이고 효과적인 사업 추진 방안을 고려할 수 있는 상향식 타당성 분석방법의 필요성을 제시하고 있다.

상향식 타당성 분석방법의 도입을 통해 사업 추진 시 초래할 수 있는 부정적 효과를 사전에 고려할 수 있고, 타당성이 높은 사업 추진 방향과 계획을 준비하는 데 도움을 줄 수 있을 것으로 기대된다.

저자는 본 보고서가 발간되기까지 많은 도움을 주신 동국대학교 김진석 교수와 자료 정리와 분석에 도움을 준 박선욱 연구원에게 감사의 뜻을 전하고 있다.

끝으로 본 보고서의 내용은 저자의 개인적인 의견이며 본원의 공식적인 견해가 아님을 밝혀둔다.

2022년 12월
한국개발연구원 원장
조 동 철

목 차

목차

◈ 표 목 차

◈ 그 림 목 차

요 약

교통투자사업에서 편익과 비용의 예측 결과는 사업의 추진 여부를 결정하는 데 중요한 기초자료이다. 또한 투자의 효과성, 요금 수준 등을 평가 하는 자료로 활용되기도 한다. 그러나 인구구조의 변화, 신교통수단의 등장, 통행행태의 변화 등으로 교통투자사업의 편익과 비용 예측값에 대한 불확실성은 점점 커져 가고 있음에도 불구하고, 현재의 타당성 평가방법은 편익과 비용의 예측 결과에 대한 불확실성을 반영하지 못하고 있다.

본 연구의 목적은 우리나라 도로를 대상으로 하는 예비타당성조사의 예측 교통량 및 비용, 그리고 편익의 불확실성을 실증적으로 분석하고, 이러한 불확실성하에서 사업의 추진 여부뿐만 아니라 다양한 사업 추진 대안을 모색할 수 있는 새로운 경제적 타당성 평가방법의 도입 필요성을 제시하는 데 있다.

장래 예측 교통량의 불확실성은 예비타당성조사를 수행한 도로사업의 장래 교통량 변화율(α)과 변동성(δ)으로 구성된 기하브라운 모형(Geometric Brownian Motion: GBM)으로 특성화하였고, 개통 초기 연도 예측 교통량 불확실성의 경우 가우시안 혼합모형 확률 분포를 고려하였다. 비용 예측의 불확실성은 Frechet 확률 분포로, 편익 예측의 불확실성은 교통량과 총사업비 등을 이용한 회귀식 모형으로 특성화하였다.

도로사업 예비타당성조사의 경제적 타당성 결과의 불확실성을 분석한 결과, 예비타당성조사 보고서에서 제시된 예측 편익이 시뮬레이션을 통해 예측되는 편익보다 클 확률은 0.195에 그치는 것으로 분석되어, 예비타당성조사 보고서에 제시된 편익은 과다 예측될 확률이 높을 것으로 분석되었다. 비용의 경우에도 예비타당성조사 보고서에 제시된 예측 비용보다 시뮬레이션을 통해 예측되는 비용이 높을 확률이 0.588에 이르고 있다.

종합적으로 예비타당성조사에서 제시하는 경제적 타당성 결과는 편익 발생의 취약성 및 비용 증가의 가능성으로 강건하지 않은 것으로 판명되었다. 대상 사업의 예비타당성조사 결과 타당성 평가지표인 BCR 1.0을 제시하였지만, 시뮬레이션 분석 결과 BCR이 1과 같거나 클 확률은 0.048에 불과한 것으로 분석되었다. 특히 시뮬레이션을 통해 대상 사업의 BCR의 중앙값(Median)은 0.632, 평균(Mean)은 0.627 수준으로 분석되었다.

따라서 기존의 교통량, 비용 및 편익에 대한 특정 예측치를 확정적으로 사용하는 전통적 경제적 타당성 분석방법과 더불어, 교통량, 비용 및 편익 예측의 불확실성하에서 경제적 타당성 결과에 영향을 미치는 요인들은 무엇이고, 그 영향은 어느 정도이며, 현재의 사업 내용으로 추진 시 해당 목표를 달성할 수 있는 가능성과, 어떠한 사업 추진 대안이 해당 교통사업이 설정한 투자 목표를 확보할 수 있는지를 제안할 수 있는 상향식(Bottom-Up) 타당성 분석방법의 도입이 필요한 것으로 판단된다.

본 연구에서 제안하는 상향식의 경제적 타당성 평가방법의 도입은 향후 효율적 투자를 강조하는 타당성 평가의 순기능을 제고할 수 있을 것으로 판단된다. 상향식 평가방법의 도입을 통해 해당 투자가 초래할 수 있는 위험과 부정적인 효과에 대응하는 사업 추진 계획과 내용을 사전에 마련할 수 있다고 판단한다. 또한 사업 추진의 위험과 부정적인 효과에 대한 대안을 사전에 마련하고 준비하는 데 있어, 타당성 분석 전문가뿐만 아니라 일반 국민의 의견과 참여를 촉진할 수 있는 계기도 마련할 수 있을 것으로 기대된다.

제1장

서 론

제1절 연구의 배경 및 목적

교통투자사업의 편익과 비용 예측 결과는 사업의 추진 여부뿐만 아니라 시설의 규모, 요금 수준 및 투자의 효과성을 평가하는 데 중요한 기초자료이다. 편익 및 비용 예측 결과를 통해 사업 추진의 필요성과 정당성을 확인할 수 있다.

그러나 인구구조의 변화, 통행자의 의사결정 모형의 한계, 교통과 관련된 새로운 기술의 출현 등 다양한 내·외생적인 요인들로 인해 교통투자사업의 편익 및 비용 예측의 불확실성은 존재한다. 특히 타당성 평가 항목인 편익과 비용 예측이 30년 이후의 장기적인 미래 예측을 기반으로 한다는 점에서, 그리고 미래의 변화 속도가 점차 급격해진다는 점에서 타당성 평가 결과의 불확실성은 깊어지고 확장된다. 뿐만 아니라 타당성 평가에 포함되는 편익과 비용의 항목이 무엇인지, 그리고 비시장재인 편익과 비용을 어떻게, 얼마나 계량화하는지에 따라서도 타당성 평가 결과의 불확실성은 존재한다.

그럼에도 불구하고, 특정 미래의 편익과 비용 예측값에 의존하여 수행되는 현재의 경제적 타당성 평가방법은 미래의 불확실성을 반영하지 못해, 투자사업이 초래할 수 있는 부정적이고 잠재적인 취약성(vulnerabilities)[1]을 인식하지 못하게 한다. 또한 이를 감소시키는 데 도움을 줄 수 있는 사전적인 정책과 사업 계획 및 내용에 대한 고민의 기회를 주지 않는다.

본 연구의 목적은 도로부문의 예비타당성조사에서 이루어지고 있는 경제적 타당성 평가 결과의 불확실성 크기를 실증적으로 분석하고, 사업 추진이 초래할 수 있는 부정적인 효과나 취약성을 파악할 수 있는 새로운 경제적 타당성 평가방법의 필요성을 제시하는 데 있다. 즉, 미래의 변화에 따라 심화되는 도로 교통투자사업의 편익과 비용 예측의 불확실성을 분석하고, 사업 추진을 통해 기대되는 편익과 비용을 달성할 수 있는 상향식 경제적 타당성 평가방법의 필요성을 모색한다.

제2절 연구의 범위

본 연구의 주요 내용은 예비타당성조사의 분석 내용 중 경제적 타당성 평가 결과의 불확실성을 분석하는 데 있다. 예비타당성조사는 국가재정법 제38조 및 동법 시행령 제13조의 규정에 따라 대규모 신규 재정사업에 대한 예산을 편성하기 위하여 실시하는 사전적인 타당성 조사이다. 예비타당성조사에서는 사업 추진으로 인한 지역균형발전 및 정책적 타당성 분석도 실시하나, 본 연구에서는 (사회적) 편익과 (사회적) 비용을 비교하는 경제적 타당성 분석을 연구의 범위로 한정한다.

예비타당성조사의 경제적 타당성 평가에 활용되는 예측값의 불확실성 범위는 확정적(deterministic), 확률적(probable), 타당한(plausible), 그리고 발생 가능한(possible) 교통량, 비용 및 편익 예측값으로 구분할 수 있다. [그림 1-1]은 고려 가능한 경제적 타당성 평가의 예측 교통량, 비용 및 편익 값의 불확실성 범위를 보여주고 있다.

확정적(deterministic) 예측값은 과거와 현재를 통해 정확한 예측이 가능한 값을 의미한다. 과거, 현재, 미래가 일치하거나 연관되어 있어 과거

1 편익 및 비용 예측의 불확실성으로 타당성 결과가 강건하지 못한 상황을 의미한다.

[그림 1-1] 예측 편익과 비용 값의 불확실성 범위

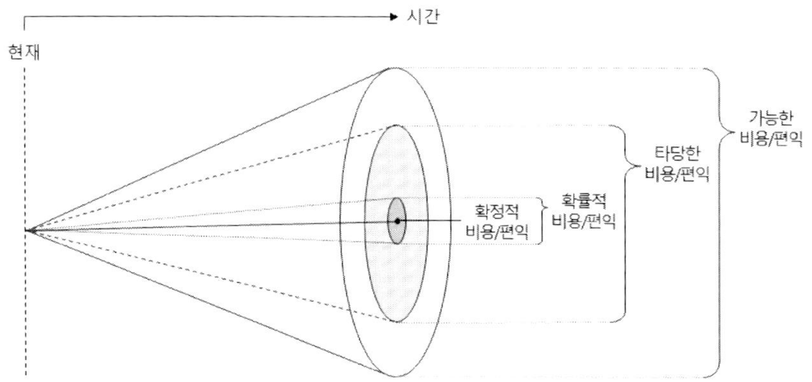

와 현재를 통해 미래 예측이 가능하며, 예측값에 대한 불확실성이 존재하지 않음을 가정한다. 현재 예비타당성조사의 경제성 분석에서 사용하고 있는 교통량, 비용, 편익 예측값은 확정적 예측값이라 할 수 있다.

반면, 확률적(probable) 예측값은 과거와 현재의 지속에 무게를 두되, 과거로부터 현재까지의 변화와 추세를 연장하여 산출한 값이다. 과거로부터 현재까지의 자료에서 유추한 확률적 분포로 예측값을 산출한다. 불확실성을 전혀 고려하지 않는 확정적(deterministic) 예측값과는 달리 이미 알려지거나 과거의 경험과 자료로부터 유추한 확률 분포하에서 장래 예측값의 불확실성을 고려한다. 본 연구에서의 교통량과 비용 예측값은 과거에 도로부문 예비타당성조사를 수행했던 예측 교통량 및 비용 오차의 확률 분포로 추정하는 확률적 예측값이다.

불확실성하에서 타당한(plausible) 미래 예측값은 과거 및 현재의 다양한 변수에 대한 타당하고 합리적인 정보를 바탕으로 산출한 미래의 예측값이다. 따라서 확률적 값보다 불확실성이 더 확장된 개념이라 할 수 있다. 본 연구에서 생성하는 편익 예측값은 개연성이 높거나 타당한 미래값이라 할 수 있다. 확률적 방법으로 산출하는 교통량 및 비용의 예측값과는 달리 교통투자사업의 (사회)경제적 편익은 관측하거나 객관적이고 정확한 측정이 불가능하기 때문에 교통량과 비용의 확률적 값과의 관계식으로부터 타당하고 개연성이 높은 미래의 편익 예측값을 산출한다. 따라서 앞서 언급한 교통량과 비용의 확률값보다 불확실성이 더 크다.

가능한(possible) 미래의 값은 미래에 발생할 것으로 상상이 가능한 값을 의미한다. 분석가의 고도의 통찰, 탁월한 식견으로 파악되며 본 연구의 분석 범위에서는 제외된다.

제3절 연구의 내용 및 방법

본 연구를 수행하기 위한 주요 내용과 과정은 다음과 같다. 연구의 목적 및 배경, 그리고 연구의 범위를 설명하는 서론 부분에 이어 제2장에서는 교통투자사업의 경제적 타당성 평가에 불확실성을 초래하는 요인 및 그 결과를 제시한다. 예비타당성조사뿐만 아니라 기존 경제성 분석에서 고려하고 있는 불확실성 분석방법도 제시한다.

제3장에서는 도로부문의 교통투자사업 경제성 분석 결과의 불확실성을 분석하기 위한 특성화 방법을 설명한다. 교통량과 비용 예측값의 불확실성은 상호 독립이라는 가정하에 교통량 예측값의 불확실성은 초기 개통연도 교통량 예측오차, 그리고 운영기간 내 교통량 연평균 변화율과 교통량 증가율의 변동성 모수로 이루어진 기하브라운(Geometric Brownian Motion: GBM) 확률 분포 모형을 통해 특성화한다. 반면, 총사업비의 불확실성은 예비타당성조사 도로사업의 총사업비 변경 자료를 표본으로 선정하고, 총사업비 예측오차의 확률 분포로 Frechet 확률 분포(Love *et al.*, 2013)를 이용한다.

편익 예측의 불확실성은 앞서 분석한 예측 교통량과 총사업비의 불확실성을 통해 고려한다. 예비타당성조사에서 제시된 편익을 종속변수로, 교통량과 총사업비 등을 설명변수로 설정한 후 교통량과 총사업비 예측의 불확실성을 이용하여 예측 편익의 불확실성을 특성화한다.

제4장에서는 상향식 타당성 평가방법의 필요성을 제시하기 위해 실제 도로부문 예비타당성조사에서 제시된 교통량과 비용 및 편익 예측값 오

차의 확률적 분포를 시뮬레이션을 통해 도출하고, 경제적 타당성 평가 결과의 취약성을 제시한다. 기존 예비타당성조사에서 예측된 교통량, 비용 및 편익 예측값의 달성 여부를 확률적으로 분석하고, 기대할 수 있는 경제적 타당성 평가 결과의 평균값과 중앙값을 제시함으로써 경제적 타당성 평가 결과의 불확실성 정도를 분석한다.

제5장에서는 본 연구 결과를 이용하여, 사업 추진의 목표를 달성할 수 있는 대안적 사업 추진 방향과 전략을 모색할 수 있는 상향식 경제적 타당성 평가방법의 도입 필요성을 제시한다. 마지막으로 제6장에서는 본 연구의 종합과 요약 그리고 제시하는 상향식 경제적 타당성 방법론의 의의와 본 연구의 한계를 제시한다.

제2장

경제적 타당성 평가의 불확실성

제1절 교통량 및 편익 예측의 불확실성

교통투자사업의 교통량 및 편익 예측에 불확실성을 초래하는 요인은 인구 및 기후 변화, 새로운 교통기술의 출현 등 다양하다. 기초 자료 및 교통량 예측 변수들의 예상치 않은 변화, 예측을 위한 방법 및 모형, 그리고 예측 분석가의 판단과 경향도 교통량 및 편익 예측의 불확실성 요인으로 제시되고 있다.

먼저, 인구구조의 변화가 교통투자사업에 대한 교통량 및 편익의 불확실성을 초래한다. 고령화 사회에의 진입에 따른 생산가능 인구 감소는 이동성을 강조하는 통근·통학 통행보다는 안전, 접근성, 편리성 및 쾌적한 이동을 위한 통행 목적이 중시되면서 교통량의 변화를 초래한다.

대도시에의 인구 집중 및 지방도시의 인구 감소로 인한 공간구조의 변화도 교통량 및 통행 목적의 변화를 초래해 교통투자사업의 경제적 타당성에 영향을 미치는 편익 예측의 불확실성을 증가시킨다.

교통기술의 발전 및 공유기반 교통시스템의 출현은 교통량, 통행 목적 및 수단의 변화를 초래해 교통투자사업에 대한 편익 예측의 불확실성을 초래한다. 예를 들어 최근 도입되고 있는 클라우드 교통시스템[2]은 개인의

2 최적의 모빌리티 서비스를 이용자에게 제공하는 통합 교통시설 운영시스템을 의미한다.

교통수단 선택 행태에 변화를 초래해, 교통투자사업의 편익 예측에 대한 불확실성을 초래한다.

한국교통연구원에서는 이러한 교통량 및 편익 예측의 불확실성을 가중시키는 요인을 전문가 설문조사를 통해 조사하였고, 이를 통해 인구구조 변화, 가치관 및 삶의 질 변화, 도시의 양극화, 과학기술의 발달, 기후 변화 및 자원 부족을 미래 교통량 변화를 초래할 수 있는 5대 메가트렌드로 선정하였다(조종석 외, 2019). <표 2-1>은 한국교통연구원(조종석 외, 2019)에서 제시하고 있는 미래 교통량 변화 요인과 이에 따른 교통수요 변화의 내용을 제시하고 있다.

한편, 김강수(2007)는 교통량 및 편익 예측을 위한 기초 자료 및 교통 예측 변수들의 예상치 않은 변화, 교통 예측을 위한 방법 및 모형, 그리고 교통 예측 분석가의 판단과 경향 등 교통량 예측 방법과 체계 등을 교통량 또는 편익 예측의 또 다른 불확실성 요인으로 제시하고 있다.

이러한 교통량 예측의 불확실성은 타당성 분석에 있어 실제 발생하는 교통량과 예측 교통량의 차이를 발생시켜 제시된 타당성 평가 결과의 신뢰성에 의문을 제기하게 한다(Fouracre *et al.*, 1990; Pickrell, 1992; Mierzejewski, 1995; Kim *et al.*, 2021). 실제로 김강수(2007)는 우리나라의 대규모 171개 도로 투자사업의 개통 전 교통량 추정치(해당 구간 교통량)와 개통 후 실제 이용 교통량 간의 차이를 분석한 결과, 실제 이용 교통량 대비 교통량 예측값이 평균 약 22%가 과다 추정되어 해당 도로 투자사업에 대한 타당성이 과대 평가된 것으로 분석하고 있다.

<표 2-1> 미래 교통의 5대 메가트렌드 및 트렌드별 교통수요 변화

메가트렌드		트렌드	교통수요 변화
1	인구구조 변화	인구 감소 지속	통행량 및 운송수익 감소
		생산인구 감소로 인한 노동력 부족	교통부문 인력 부족
		인구 초고령화	고령 운전자 증가
		1인가구 증가	개인 통행 증가
		외국인 및 다문화 비중 증가	외국인 통행 증가
2	가치관 및 삶의 질 변화	이동의 가치 증가	교통수단 서비스 기대치 증가 (정시성, 쾌적성, 신뢰성)
		삶의 균형 및 소비 다양화	여가 통행 증가
		사회적 평등 구현	여성 운전자, 장애인 등 교통약자 통행서비스 요구 증가
		교통안전의식 증대	안전한 통행권 요구 증대
3	도시의 양극화	대도시권 인구 집중	도시권 인구과밀에 따른 대도시권 교통수요 증가
		주변도시 성장 및 중심도시 영향권 확대	대도시권 내부 광역 통행 수 증가
		대중교통 중심 컴팩트 도시화	보행 및 대중교통 수요 증가
		지방도시 인구 감소	지방도시 SOC 투자 감소
4	과학기술의 발달	자율주행 자동차의 등장	차간거리 최소화와 교통류 안전성 유지로 인한 도로용량 증대 운전 고용시장의 고용률 감소 자율주행차를 위한 도로 및 교통 인프라 투자 증대 인적요인에 따른 교통사고 감소
		신교통수단 개발	교통수단의 고속화(하이퍼루프) 개인 교통수단의 보급 활성화(전기자전거, 전동휠, 전동퀵보드)
		첨단 ICT 기술을 활용한 교통서비스 발전	빅데이터를 활용한 교통분석 기술의 발달 데이터 기반의 공유교통 서비스 확대
5	기후 변화 및 자원 부족	친환경 및 에너지 정책 강화	친환경·고효율 교통수단 이용 요구 증가 고효율 에너지 교통체계 요구 증가
		이상기후 발생 증가	기후 변화에 다른 교통 SOC 역할 증대

자료: 조종석 외(2019), p.70.

제2절 비용 예측의 불확실성

교통량뿐만 아니라 비용 예측의 불확실성도 존재한다. 비용 예측 시 감안하지 못했던 자재 및 인력 부족, 물가상승, 현장 접근 문제, 재작업, 주문변경, 안전, 각종 부담금, 폐기물 처리 비용 및 보험료 등에 따라 비용 변경 요인이 발생하며, 주민 민원 및 예기치 못한 현장여건의 변동으로 인해 예측했던 사업비의 불확실성이 존재한다. 특히 공공투자사업의 경우 예산 부족으로 인한 공기연장도 비용 예측의 불확실성을 증가시키는 요인으로 작용한다(박노욱 외, 2010).

Flyvbjerg *et al.*(2003)은 정치적인 문제 및 투자사업 분석가의 심리적인 측면을 비용 예측의 불확실성 요인으로 제시하고 있다. 이는 교통투자사업을 추진하는 사람들은 해당 프로젝트를 추진하는 확실한 관심이 있어 최초 총사업비의 과소 추정 경향이 존재하고, 이에 따라 총사업비에 대한 낙관적 편의를 지니게 되기 때문으로 설명하고 있다. Flyvbjerg *et al.*(2003)은 전 세계의 167개 도로사업의 실제 총사업비와 예측 총사업비 결과를 분석한 결과, 실제 총사업비 대비 평균 20.4% 과소 예측되었으며 표준편차는 29.9%에 이르는 것으로 제시하였다.

제3절 경제적 타당성 평가의 불확실성 고려 방안

경제적 타당성 분석에 있어서 비용 및 편익 예측의 불확실성을 고려하는 방법으로 민감도 분석이 적용되고 있다. 예를 들어 예비타당성조사에서는 할인율, 비용, 편익의 변화에 따라 편익/비용 비율(Benefit Cost Ratio: BCR)에 어떠한 영향을 미치는가를 검토하여 단편적인 비용 및 편익 예측의 불확실성을 고려하고 있다. 즉, 예비타당성조사의 경우 사회적 할인율 기준값인 4.5%를 중심으로 ±1~2% 변하는 경우 BCR이 어떻게 달라지는지를 분석하며, 편익이 ±10~20% 변하는 경우, 비용이 ±10~20% 변하는 경우 각각 BCR이 얼마나 달라지는지를 분석하고 있다. 그러나 이러한 민감도 분석은 편익과 비용 예측의 불확실성에 따른 BCR 범위의 개략적인 통찰(insight)은 제공할 수 있지만, 예측 불확실성에 따른 실현성이 높은 BCR 범위를 이해하는 데 한계가 있다.

<표 2-2>는 2021년 A~B 구간 고속도로 건설사업의 예비타당성조사에서 수행되었던 BCR 결과의 민감도 분석 결과를 보여주고 있다.

<표 2-2>에서 보는 바와 같이 예비타당성조사에서는 경제적 타당성 결과에 가장 큰 영향을 미치는 교통량 예측의 불확실성에 따른 BCR 민감도 분석은 이루어지지 않고 있다. 임의로 가정한 교통량 예측의 확률 분포를 이용한 몬테카를로 시뮬레이션 방법(Lam and Tam, 1998; Boyce and Bright, 2003; Hugosson, 2005; Kriger *et al.*, 2006; de Jong *et al.*, 2007)을 통해 교통량 예측값의 불확실성을 고려한 연구는 존재하나, 이를 이용한

<표 2-2> A~B 구간 고속도로 건설사업의 BCR 민감도 분석 결과

구 분		총할인편익 (백만원)	총할인비용 (백만원)	BCR	NPV (백만원)
할인율 변화	2.50%	16,169.1	14,839.9	1.09	1,329.2
	3.50%	12,525.0	13,302.3	0.94	-777.2
	4.50%	**9,790.2**	**11,963.8**	**0.82**	**-2,173.6**
	5.50%	7,718.6	10,793.8	0.72	-3,075.2
	6.50%	6,135.0	9,766.7	0.63	-3,631.6
비용 변화	-20%	7,832.2	11,963.8	0.65	-4,131.6
	-10%	8,811.2	11,963.8	0.74	-3,152.6
	0	**9,790.2**	**11,963.8**	**0.82**	**-2,173.6**
	10%	10.769.3	11,963.8	0.90	-1,194.6
	20%	11,748.3	11,963.8	0.98	-215.5
편익 변화	-20%	9,790.2	9,571.1	1.02	219.2
	-10%	9,790.2	10,767.5	0.91	-977.2
	0	**9,790.2**	**11,963.8**	**0.82**	**-2,173.6**
	10%	9,790.2	13,160.2	0.74	-3,370.0
	20%	9,790.2	14,356.6	0.68	-4,566.4

자료: 정우현 외(2016), p.318.

BCR의 확률 분포 분석은 현재까지 이루어지지 않고 있다. 단지 임의로 가정한 확률 분포의 기댓값(평균)과 분산을 이용한 특정 교통량 예측 범위의 값으로 교통량 예측의 불확실성만 분석되고 있다.

제3장

경제적 타당성 평가 결과의 불확실성 특성화

교통시설 투자사업에 대한 경제적 타당성 분석은 미래의 불확실한 교통량 및 비용, 그리고 편익의 비교를 통해 이루어지며, 그 결과의 불확실성은 투자사업의 특성뿐만 아니라 다양한 정치・사회・경제학적 요인들로 인해 발생한다.

본 장에서는 예비타당성조사를 수행한 도로 투자사업의 교통량 및 비용 예측오차의 확률 분포를 도출하여, 장래 예측값의 불확실성을 특성화한다. 관측되지 않는 편익 값의 경우 교통량과 비용을 설명변수로 하는 회귀 관계식을 통해 불확실성을 고려한다.

제1절 예측 교통량의 불확실성[3]

예측 교통량(K_t)의 불확실성은 주가 및 상품의 시장 가치와 같이 변동성이 있고 장기적인 추세를 나타내는 현상을 모델링하는 데 주로 이용되고 있는 기하브라운 모형(Geometric Brownian Motion: GBM)을 통해 고려한다(Baxter and Rennie, 1996).

---

3 본 장에서 예측 교통량 및 비용을 분석하기 위한 각 도로사업의 예비타당성조사 보고서는 참고문헌에 '분석 자료'로 일괄 정리하였다.

GBM 모형은 교통량 예측값의 결과가 음이 아닌 항상 양인 교통량 값을 산출하고, 과거의 교통량과 미래의 교통량과의 관계가 중립적이며, 장래로 갈수록 교통량의 변동성이 작아지는 일반적인 교통량 변화 추세 특성을 반영할 수 있다. 또한 GBM 모형은 특별한 사건이나 이벤트가 있는 경우 일시적으로 교통량이 증감하지만, 이후 이전의 교통량 수준을 회복하는 일반적인 교통량 특성도 반영할 수 있다.

식 (1)은 본 연구에서 사용되는 GBM 모형식을 보여주고 있다.

$$K_t \sim GBM(K_0, \alpha, \sigma), \qquad K_t = K_0 \exp\left[\left(\alpha - \frac{\sigma^2}{2}\right)t + \sigma W_t\right] \tag{1}$$

- 여기서 K_t 는 t년도 교통량, K_0 는 개통연도($t=0$) 교통량, α는 교통량의 연평균 변화율, σ는 교통량 증가율의 변동성을 의미한다. W_t는 위너과정을 따르는 확률변수이다.

1. 개통연도 교통량

가. 교통량 예측오차

개통연도 실제 교통량(K_0)과 예측 교통량(K_{0f})과의 차이를 개통연도 예측 교통량(K_{0f})의 오차로 식 (2)와 같이 정의한다. 개통연도의 교통량(K_0)은 예측 교통량(K_{0f})과 교통량 오차(e_1)의 곱으로 식 (3)과 같이 표현할 수 있다.

$$e_1 = \log\left(\frac{K_0}{K_{0f}}\right) \tag{2}$$

$$K_0 = K_{of} \times \exp(e_1) \tag{3}$$

개통연도 교통량 예측오차(e_1)의 확률 분포를 추정하기 위해 예비타당성조사를 수행하고 운영 중인 총 42개 도로사업의 개통연도 교통량 예측오차 자료를 이용하였다(Kim *et al.*, 2021). <표 3-1>은 해당 사업의 개통

<표 3-1> 사업별 개통연도 교통량 예측오차(e_1)

(단위: 대/일, %)

순번	사업명	예측 교통량	실제 교통량	교통량 예측오차 (e_1)
1	청능IC→대로2-9	70,832	45,889	-0.434
2	대로2-9→대로2-10	58,633	43,230	-0.305
3	대로2-10→송도2교	65,905	43,504	-0.415
4	신설구간 1	24,743	5,154	-1.569
5	신설구간 2	25,614	6,616	-1.354
6	아암도~현대산업개발	216,238	37,298	-1.757
7	현대산업개발~7873부대	191,714	54,410	-1.260
8	외암사거리~동신목재	223,202	35,044	-1.852
9	진다리삼거리~영종동	10,560	8,670	-0.197
10	영종동 단지	10,560	9,355	-0.121
11	왕산교~용유관광단지	8,320	4,891	-0.531
12	용유중교~용유관광단지	7,872	3,186	-0.905
13	용유중교~인천공항	21,601	1,584	-2.613
14	인천공항주유소~용유중교	15,256	2,216	-1.929
15	삼거~산단	27,271	23,590	-0.145
16	산단~덕지	20,800	29,813	0.360
17	부석~서부	6,927	9,546	0.321
18	한빛대교	21,319	27,832	0.267
19	광로2-9	159,264	162,899	0.023
20	광로1-7	146,832	162,980	0.104
21	진도대교	22,766	8,938	-0.935
22	장읍~회천	2,838	787	-1.283
23	회천~보성	2,753	3,097	0.118
24	수영3호교~번영로	36,978	57,693	0.445
25	수영1호교~수영3호교	17,412	29,254	0.519
26	정관면-철마면	27,120	56,040	0.726
27	철마면-금사IC	35,680	58,422	0.493
28	회동IC-금사IC	24,000	50,483	0.744
29	금사IC-석대동	17,200	7,321	-0.854
30	의현교차로~낭송IC	20,560	29,982	0.377
31	낭송IC~한동대IC	20,560	7,322	-1.033
32	한동대IC~종점	20,560	4,690	-1.478

<표 3-1>의 계속

순번	사업명	예측 교통량	실제 교통량	교통량 예측오차 (e_1)
33	봉무Ic~불로IC	20,451	19,382	-0.054
34	팔공로~불로IC	9,458	11,039	0.155
35	산호대교	36,990	67,156	0.596
36	금오교~구미4단지	36,990	67,229	0.597
37	사옥도~증도	2,148	1,513	-0.350
38	춘천~동홍천	36,108	15,304	-0.858
39	옥계~산동(북측)	13,669	13,782	0.008
40	왜관~석적(남측)	35,904	11,647	-1.126
41	2호선(옥산~오송산단)	11,768	4,331	-1.000
42	3호선(오송산단~국도36호선)	19,947	17,025	-0.158

[그림 3-1] 개통연도 교통량 예측오차(e_1) 분포

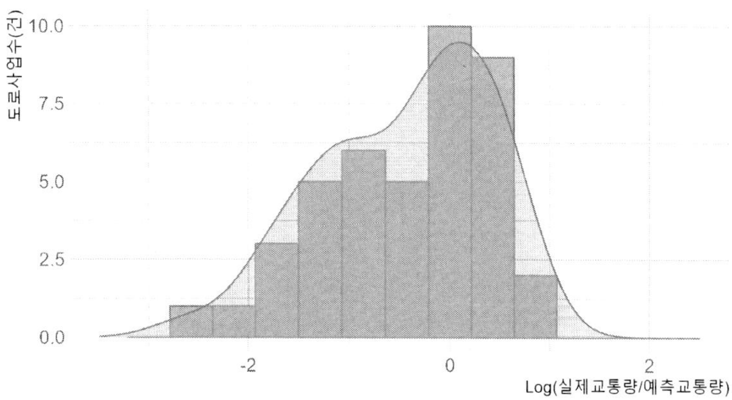

연도 교통량 예측오차율을 보여주고 있다.

총 42개 도로사업의 개통연도 평균 교통량 예측오차(e_1)는 -0.44, 표준편차는 0.84이다. 42개 도로사업 중 26개 사업이 예측된 교통량보다 실제 교통량이 작은 것으로 나타났다.

[그림 3-1]은 해당 사업의 개통연도 교통량 예측오차(e_1) 분포를 보여주고 있다.

나. 확률 분포

개통연도 교통량 예측오차(e_1)의 확률 분포로 가우시안 혼합모형(Gaussian Mixture Model: GMM)을 고려한다. GMM 모형은 k개의 가우시안 분포(정규 분포)를 혼합하여 구성된 확률 분포로 교통량 예측오차 e_1가 발생할 확률은 k개의 정규 분포가 혼합되어 있는 확률 밀도 함수의 합으로 식 (4)와 같이 표현된다.

$$f(e_1 \mid \mu_i,\ \sigma_i^2,\ i=1,\ldots,K) = \sum_{i=1}^{K} P_i\ \Phi(e_1 \mid \mu_i, \sigma_i^2) \tag{4}$$

- 여기서 $\Phi(e_1 \mid \mu_i, \sigma_i^2)$는 i번째 평균이 μ_i, 분산이 σ_i^2인 정규 분포 밀도 함수이며 P_i는 i번째 정규 분포가 선택될 확률을 나타낸다.

GMM에서 정규 분포의 개수(k)의 결정은 베이지안 정보 기준(Bayesian information criterion: BIC) 또는 아카이케 정보 기준(Akaike information criterion: AIC)을 최소화하는 방법으로 이루어진다.

<표 3-2>는 정규 분포의 개수(k)에 따른 개통연도 교통량 예측오차(e_1)의 GMM 확률 분포의 AIC와 BIC 변화를 보여주고 있다. 2개(k=2)의 정규 분포가 혼합된 GMM 확률 분포가 가장 적합한 것으로 분석되었다. 즉, 개통연도 교통량 예측오차(e_1)는 평균(μ_1) -72.20, 표준편차(σ_1)가 10.59인 정규 분포($P_1 = 0.33$)와 평균(μ_2)이 13.29와 표준편차(σ_2)가 49.30인 정규 분포($P_2 = 0.67$)로 구성된 GMM 모형이 가장 적합한 것으로 분석되었다.

$$e_1 \sim GMM(P_1 = 0.33, P_2 = 0.67, \mu_1 = -72.20, \mu_2 = -13{,}29, \sigma_1 = 10.59, \sigma_2 = 49.30) \tag{5}$$

<표 3-2> 정규 분포 개수(k)에 따른 GMM 확률 분포의 AIC와 BIC

성분개수(k)	AIC	BIC
1	107.54	111.01
2	104.88	113.57
3	107.94	121.85
4	110.03	129.14
5	114.43	138.76

[그림 3-2] 개통연도 교통량 예측오차(e_1)의 GMM 확률 분포

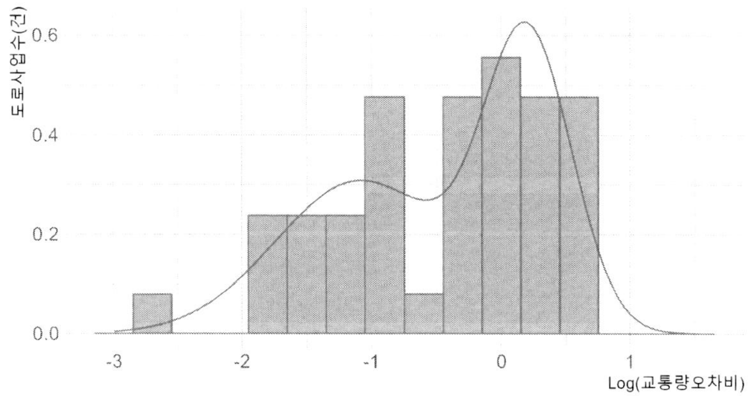

2. 장래 교통량

가. 증가율(α)과 변동성(σ)

GBM 모형은 개통연도 교통량(K_0)뿐만 아니라 장래 교통량 증가율(α)과 변동성(σ) 모수로 구성된다. 개통연도 이후의 장래교통량 α와 σ는 최대가능도 추정법[4]에 의해 다음과 같이 추정할 수 있다.

$$\hat{\alpha} = \frac{(X_N - X_0)}{N} + \frac{\hat{\sigma}^2}{2} = \frac{\log K_N - \log K_0}{N} + \frac{\hat{\sigma}^2}{2} \tag{6}$$

4 Croghan, Jackman, and Min(2017); Brigo *et al.*(2008).

$$\hat{\sigma}^2 = \frac{-1}{N}\frac{(X_N - X_0)^2}{N} + \frac{1}{N}\sum_{i=1}^{N}\Delta X_i^2 \tag{7}$$

$$= -\frac{1}{N}\frac{(\log K_N - \log K_0)^2}{N} + \frac{1}{N}\sum_{i=1}^{N}\log(K_i - \log K_{i-1})^2$$

- 여기서 $X_i = \log K_i,\ i = 0,\ldots,N$. $N(=30)$은 도로의 수명 기간을 의미한다.

식 (6)과 식 (7)을 이용한 α와 σ의 추정은 20개 도로의 예비타당성조사 보고서에서 제시된 장래 예측 교통량의 α와 σ값의 평균값을 이용하였다. [그림 3-3]과 <표 3-3>은 20개 도로의 예비타당성조사 보고서에서

<표 3-3> 도로사업별 교통량 증가율(α)과 변동성(σ)

도로사업	α	σ
무주-대구 고속도로(성주-대구) 건설사업 예비타당성조사(2017)	0.009	0.01443
중부고속도로(음성-호법) 확장사업 타당성재조사(2017)	-0.0078	0.01975
울산외곽순환고속도로 건설사업 예비타당성조사(2017)	0.0025	0.00188
조치원 우회도로 건설사업 예비타당성조사(2017)	0.0035	0.00641
월전동~무진로 간 도로개설사업(2016)	-0.0047	0.00257
다사~왜관 광역도로사업(2016)	-0.0042	0.00078
대산~당진 고속도로 신설사업(2016)	0.0166	0.00785
화도~양평 고속도로 건설사업(2011)	0.0089	0.00106
정림중~버드내교 간 도로개설사업(2018)	-0.0031	0.00553
이화~삼계 간 도로개설사업(2017)	0.0011	0.00184
경부고속도로 회덕IC 연결도로(2016)	-0.0051	0.00989
고속국도 제15호(서평택~안산) 확장사업(2022)	0.0023	0.0074
호남고속도로지선(유성~회덕) 확장사업(2017)	0.0004	0.00216
국도21호선(서천~보령2) 도로 건설사업(2016)	0.0118	0.00709
오송~청주국제공항 연결도로 건설(2011)	0.0138	0.01359
수도권 제2외곽순환선 안산~인천 고속도로 신설사업(2015)	0.0109	0.00316
대도시권 교통혼잡도로(덕천동~아시아드) 개설사업(2014)	-0.0157	0.01713
상개~매암 대도시권 혼잡도로 건설사업(2013)	0.0009	0.00182
새만금~대구 고속도로 건설사업(2010)	0.0224	0.03238
평 균	0.0034	0.00825
표준편차	0.0094	0.00817

주: 1) 사업명 ( )의 연도는 예비타당성조사 수행연도를 의미함.
2) 20개 사업 중 국도19호선(장수-번암) 우회도로 건설사업은 이상치로 제외하였음.

[그림 3-3] 사업별 교통량 증가율(α) 및 변동성(σ) 분포

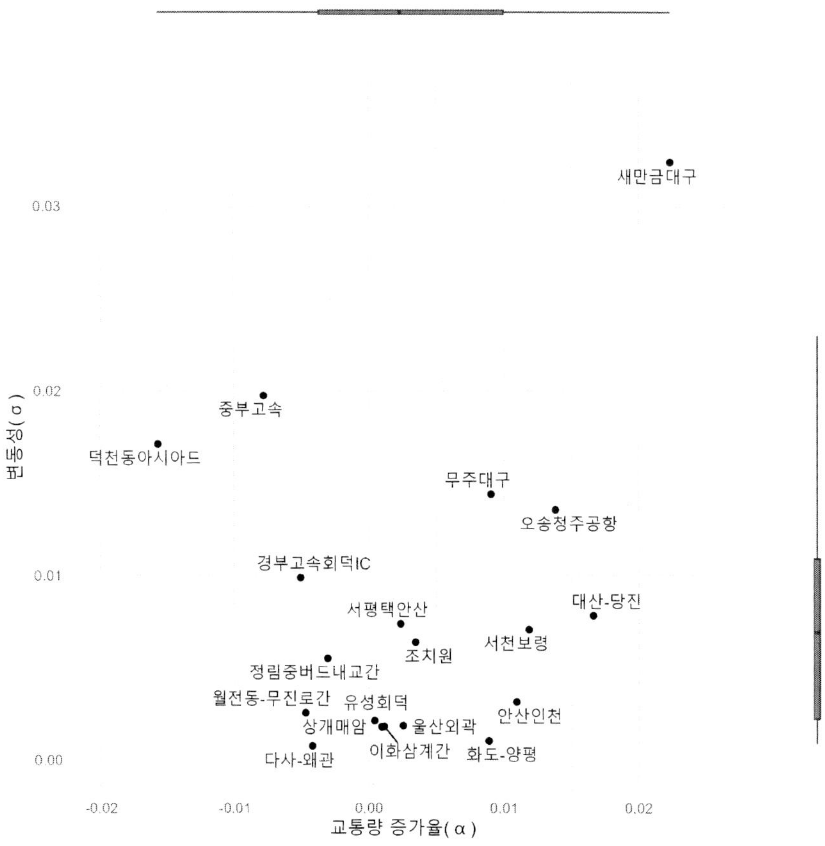

제시된 교통량 증가율(α)과 변동성(σ) 산출 결과이다.

최종 산출 결과, 본 연구에서 활용되는 교통량 증가율(α)은 0.0034(표준편차 0.0094), 변동성(σ)은 0.00825(표준편차 0.00817)로 산출되었다.

[그림 3-3]은 예비타당성조사 보고서에서 제시된 도로사업별 교통량 증가율과 변동성의 분포를 보여주고 있다.

나. 장래 교통량 시뮬레이션

[그림 3-4]는 A~B 구간 도로 건설사업의 개통연도 이후 장래 교통량 변화를 예시로 보여주고 있다. 검고 굵은 선은 예비타당성조사에서 제시된 장래연도 교통량이다. 분석 결과, 장래 교통량은 예비타당성조사에서 제시된 예측 교통량을 대부분 하회하는 수준에서 나타날 것으로 분석되었다. 즉, 앞서 산출한 예비타당성 도로사업의 교통량 증가율 및 변동성을 고려할 때, 해당 A~B 구간 도로 건설사업의 장래연도 교통량 예측 결과는 과다 추정될 가능성이 높을 것으로 나타났다.

[그림 3-4] 장래 교통량 시뮬레이션 결과(A~B 구간 도로 건설사업)

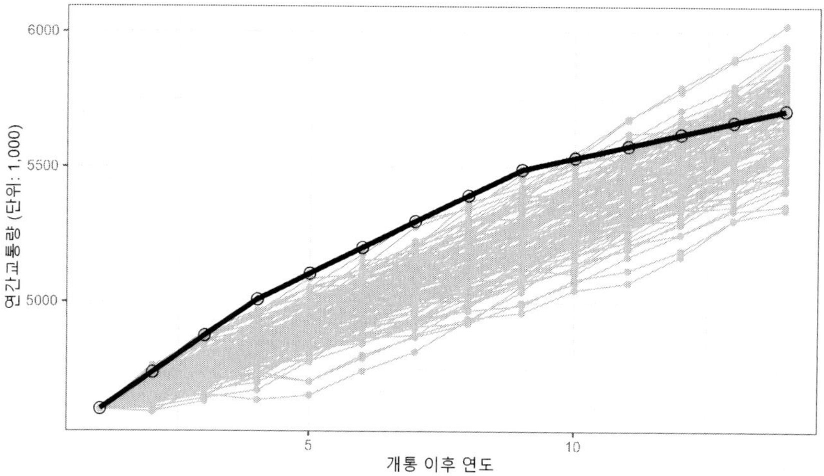

제2절 예측 비용의 불확실성

1. 비용의 구성

도로 건설 및 유지관리에 소요되는 비용(C)은 총사업비($C^{(1)}$)와 유지관리비($C^{(2)}$)로 구분할 수 있다. 총사업비($C^{(1)}$)는 도로 건설기간(n) 중에 발생하는 일체의 공사비, 부대비, 용지보상비 및 예비비를 포함한다. 유지관리비($C^{(2)}$)는 도로를 유지·관리·보수하는 데 소요되는 비용으로 유지보수비와 도로개량비를 포함한다.

$$C = \sum_{t=1}^{n} C_t^{(1)} + \sum_{t=n+1}^{N} C_t^{(2)} \qquad (8)$$

- 여기서 n은 도로 건설기간, N은 $n+1$년부터 도로의 수명(Life), 즉 생애주기까지 기간을 의미한다.

한편, 예비타당성조사에서 유지관리비는 총사업비 내 공사비의 일정 비율로 산정한다. 따라서 본 연구에서의 비용 관련 불확실성 변수로는 공사비를 포함하는 총사업비($C^{(1)}$)만을 고려한다. 유지관리비($C^{(2)}$)의 경우 예측의 불확실성은 존재하지 않는다고 가정한다.

[그림 3-5]는 예비타당성조사에서 도로사업의 비용 구성을 보여주고 있다.

[그림 3-5] 예비타당성조사 도로사업의 비용 항목 및 구성

<table>
<tr><td colspan="7">비 용</td></tr>
<tr><td colspan="6">총사업비</td><td>유 지
관리비</td></tr>
<tr><td>공사비</td><td colspan="3">부대비</td><td>용 지
보상비</td><td>예비
비</td><td>유 지
관리비</td></tr>
<tr><td>공사비</td><td>조사
비</td><td>설계
비</td><td>감리
비</td><td>용 지
보상비</td><td>예비
비</td><td>유 지
관리비</td></tr>
</table>

자료: 김강수 외(2008).

2. 총사업비

가. 총사업비 예측오차

예측 총사업비($C^{(1)}$)의 오차(e_2) 분석은 예비타당성조사를 수행한 후, 완공되어 운영 중인 도로사업의 건설기간 중 총사업비 변경 자료를 이용하여 분석한다. 즉, 예비타당성조사에서 예측한 총사업비와 이후 건설 공사가 진행되면서 변경된 실제 총사업비의 자료를 이용한다.

실제 소요된 총사업비($C_a^{(1)}$)와 예비타당성조사에서 예측된 총사업비($C_f^{(1)}$)와의 차이인 오차(e_2)를 식 (9)와 같이 정의한 후, 예비타당성조사에서 제시된 총사업비($C_f^{(1)}$)와 확률 분포에서 생성한 총사업비 예측오차(e_2)를 이용하여 총사업비 $C^{(1)}$를 생성한다.

$$e_2 = \frac{C_a^{(1)} - C_f^{(1)}}{C_f^{(1)}} (\%) \tag{9}$$

$$C^{(1)} = C_f^{(1)} \times (1 + e_2) \tag{10}$$

<표 3-4>와 [그림 3-6]은 547개 총사업비 변경 자료를 이용하여 산정한 총사업비 예측오차(e_2)를 보여주고 있다. 평균 오차는 10.25%, 그리고 표준편차 29.30%, 중간값의 평균 오차는 2.94%로 산출되었다.

<표 3-4> 총사업비 예측오차(e_2)

	예측 총사업비 (백만원)	실제 총사업비 (백만원)	총사업비 예측오차 (%)
평균	246,420	264,098	10.25
표준편차	448,895	461,608	29.30
중간값	127,345	139,604	2.94

[그림 3-6] 총사업비 예측오차(e_2) 분포

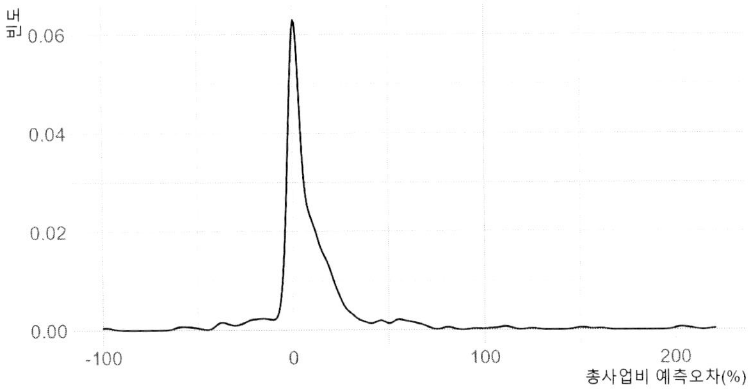

나. 확률 분포

총사업비 예측오차(e_2)의 확률 분포와 관련하여 본 연구에서는 Love *et al.*(2013)에서 제시한 Frechet 분포를 이용하였다. Frechet 분포는 세 개의 모수(α, β, γ)로 구성된 일반화된 극단값(Generalized Extreme Value: GEV) 분포의 경우로 랜덤 변수들의 장기간 최대치를 근사화하는 데 사용된다(Coles, 2001). 식 (11)은 Frechet 분포의 확률 밀도 함수를 표현하고 있다.

$$f(e_2, \alpha, \beta, \gamma) = \frac{\alpha}{\beta}\left(\frac{\beta}{e_2 - \gamma}\right)^{\alpha+1} \exp\left[-\left(\frac{\beta}{e_2-\gamma}\right)^{\alpha}\right] \tag{11}$$

- 여기서 $\gamma(\in R)$는 위치 모수(location parameter), $\beta(>0)$는 규모 모수(scale parameter), $\alpha(>0)$는 형상 모수(shape parameter)이다.

Delignette-Muller and Dutang(2015)가 제안한 최대우도 추정법(maximum likelihood estimation)과 AIC의 기준을 이용하여 모수를 추정한 결과, 위치 모수인 γ는 -300, 규모 모수인 β는 297.3, 형상 모수인 α는 10.30의 값으로 분석되었다.

[그림 3-7] 총사업비 예측오차(e_2)의 Frechet 확률 분포

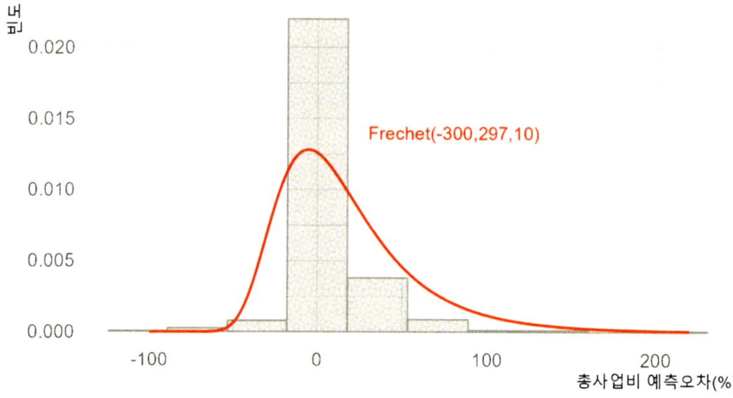

[그림 3-7]은 Frechet 확률 분포하에서 총사업비 예측오차(e_2)의 확률 분포를 보여주고 있다.

제3절 예측 편익의 불확실성

1. 편익 항목

예비타당성조사에서 고려하는 도로 투자사업의 편익(Benefit, B) 항목은 차량운행비용 절감편익, 통행시간 절감편익, 교통사고 감소편익, 환경비용 절감편익이다.

차량운행비용 절감편익은 도로 투자사업 시행 전(미시행 시)과 사업 시행 후(시행 시)의 차량운행비용의 차이로 산정한다. 이때 차량운행비용은 도로 투자사업의 영향권 내 링크 교통량과 해당 링크 길이의 곱에 예비타당성조사 지침에서 제시하는 차량운행비용의 원단위를 곱하여 산정한다.

통행시간 절감편익[5]은 도로 투자사업으로 인해 절감된 통행시간을 다

5 도로 투자사업은 통행자의 교통수단, 통행경로, 통행속도 등 교통패턴의 변화를 발생시켜 해당 교통시설의 통행자는 물론 주변 교통 네트워크를 이용하는 통행자의 통행시간

른 목적에 활용했을 때 발생하는 가치를 편익화한 것이다. 통행시간 절감편익도 사업 미시행 시와 사업 시행 시의 총 통행시간의 차에 예비타당성조사 지침에서 제공하는 시간가치를 곱하여 산출한다.

교통사고비용은 교통사고[6]로 발생된 경제적 손실을 화폐가치로 환산한 비용을 의미한다. 교통사고비용에는 물질적·정신적 피해비용, 의료비용, 교통사고 피해자의 생산손실비용, 경찰 및 보험회사의 교통사고 처리비용, 법정 비용(법적 문제가 야기된 경우에 한함) 등이 포함된다. 교통사고비용 절감편익도 도로 투자사업 시행 전 교통사고비용과 사업 시행 후의 총 교통사고비용의 차이로 산정한다. 이때 교통사고비용은 도로 투자사업의 영향권 내 링크의 교통량(K)과 해당 링크 길이, 억대-km당 교통사고비용 원단위를 곱하여 산정한다.

예비타당성조사에서는 사업 추진으로 인한 환경 영향 중 대기오염 및 소음의 영향을 반영하고 있다. 대기오염 절감편익은 도로 투자사업 시행 전과 사업 시행 후의 총 대기오염비용의 차이로 산정한다. 이때 대기오염비용은 도로 투자사업의 영향권 내 링크의 교통량, 해당 길이, 링크 평균속도를 기준으로 한 차종별 대기오염비용 원단위를 곱하여 산정한다. 소음 절감편익도 도로 투자사업 시행 전과 사업 시행 후의 소음비용의 차이로 산정한다. 소음비용은 도로 투자사업의 영향권 내 링크 길이, 교통량에 따른 소음량과 이에 대한 소음비용의 원단위를 곱하여 산정한다. 환경비용의 절감편익은 이러한 대기오염 절감편익과 소음 절감편익의 합으로 산출한다.

본 연구에서는 위에서 언급한 예비타당성조사 개별 편익 예측값의 불확실성 대신에 이들의 합인 총 예측 편익값에 대한 불확실성을 고려한다.

에 영향을 미친다. 즉, 자동차 속도가 향상되면서 통행시간이 절감되고, 통행자는 이러한 절감된 시간을 다른 목적에 활용할 수 있게 된다(김강수 외, 2007).

6 교통사고란 '도로 및 철도, 항공 등의 부문에서 교통수단에 의한 교통활동 중 사람이 사상하거나 물건을 손상하여 각종 손실을 유발하는 것'으로 정의한다(김강수 외, 2008).

2. 편익 산출

본 연구에서 산출하는 편익값은 예측오차의 확률 분포를 통해 발생하는 교통량과 총사업비와 달리, 교통량 및 비용과 편익의 관계가 미래에도 지속적으로 작용한다는 가정을 전제로, 교통량과 총사업비 등을 설명변수로 구성된 회귀관계식을 통해 산출한다.

편익값을 설명하는 변수로는 도로 투자사업의 총편익의 크기에 영향을 미칠 수 있다고 판단되는 교통량(K), 총사업비($C^{(1)}$) 이외에 유지관리비($C^{(2)}$), 도로 길이(Length), 차선 수(Width), 공사 지역(Area, 대도시권 및 비대도시권), 도로 종류(RoadType, 고속도로, 국고, 기타), 건설 유형(ConstType, 신설, 확장, 신설・확장) 및 사회적 할인율(rate) 등을 고려하였다.

회귀식을 추정하기에 앞서 예비타당성조사 도로사업의 편익과 총사업비 그리고 편익과 교통량의 관계를 살펴보았다. [그림 3-8] 및 [그림 3-9]는 교통량 및 총사업비와 편익의 관계를 나타내는 산점도이다. 교통량 및 비용값과 편익값과의 관계는 양의 선형관계가 존재하는 것으로 파악되었다.

[그림 3-8] 총사업비 vs 편익

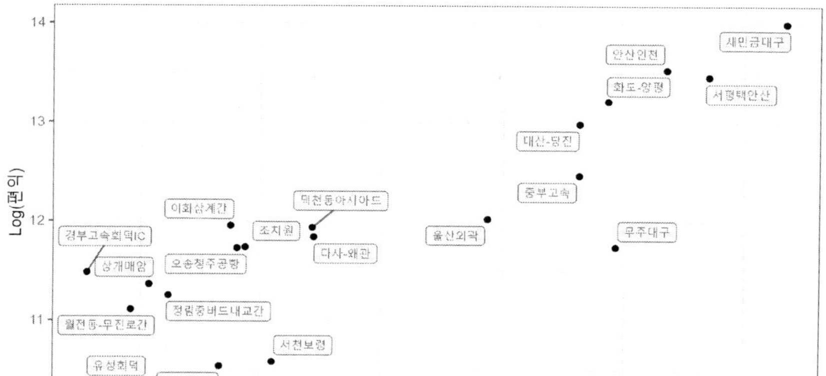

[그림 3-9] 교통량 vs 편익

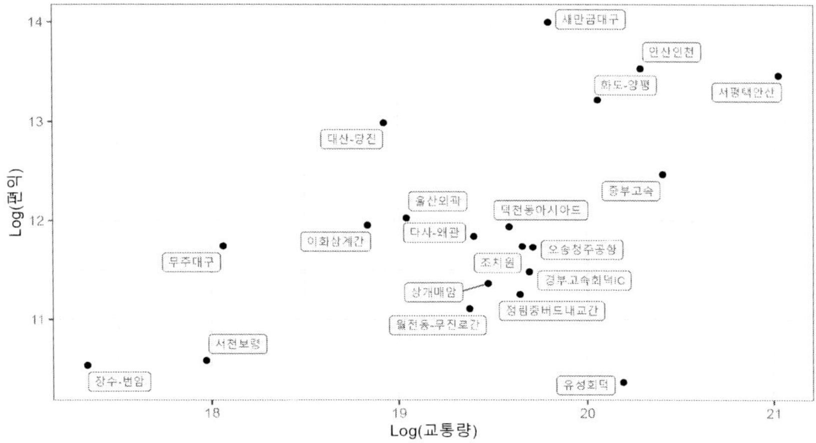

Stepwise 방법을 이용하여 유의성 있는 변수를 선정하고 적합도 평가 측도(R^2, adj-R^2, AIC, BIC)를 종합적으로 고려하여 식 (12)와 같은 회귀식 모형이 추정되었다. 도로 유형(Road type)을 제외한 모든 설명변수가 94% 신뢰수준하에서 유의하게 추정되었다. 모형식의 수정 R^2도 0.937에 이르러 모형의 설명력이 높은 것으로 분석되었다.

$$\widehat{\log}(B) = -10.039 + 0.473\log(K) + 1.045\log(C^{(1)}) - 0.565I(Width \geq 5)$$
$$+ 0.345I(Road\,Type = \text{기타}) + 0.344I(rate = 5.5\%)$$

(R^2 = 0.953, $Adj\ R^2$= 0.937)

(12)

<표 3-5> 편익 모형식 추정 결과

	Estimate	Std. Error	t value	Pr(>|t|)
(Intercept)	-10.0388	1.6307	-6.156	0.0000
$\log(K)$	0.4731	0.101	4.682	0.0004
$\log C^{(1)}$	1.0448	0.1027	10.175	0.0000
Width>=5	-0.5651	0.2635	-2.145	0.0500
RoadType=기타	0.3446	0.195	1.767	0.0990
rate 5.5%	0.3443	0.1627	2.116	0.0527

[그림 3-10] 모형 Log(편익) 예측값 vs 제시된 Log(편익*)

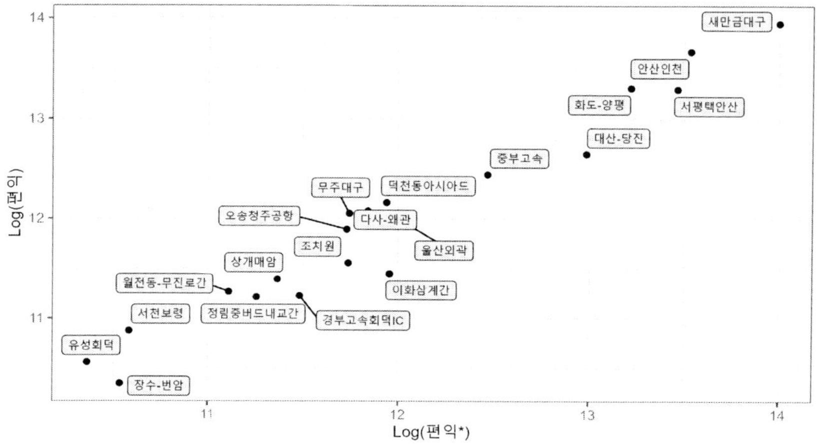

[그림 3-10]은 예비타당성조사에서 제시된 편익값과 회귀식 모형으로 산출된 편익값을 보여주고 있다.

제4장

경제적 타당성 평가 결과의 불확실성 분석

제1절 대상 사업

실증적인 경제적 타당성 평가 결과의 불확실성 분석을 위한 대상 사업은 2016년 예비타당성조사를 수행한 'A~B 구간 고속도로사업'이다.[7] 황해권 물류거점인 대산항과 직접 연결되는 고속도로를 확충함으로써 충남 중심권의 교통 및 물류 접근성을 제고하여 수도권과의 경쟁력을 강화하며 지역균형발전 촉진을 목적으로 추진되었다.

충남 당진시 용연동에서부터 충남 서산시 대산읍까지 약 24.3㎞의 4차로 고속도로를 신설하는 사업으로, 총사업비(부가세 포함)는 650,224백만원으로 산출되었다. 2016년도에 사업을 시작하여 기본설계 및 실시설계 각 2년, 공사기간 7년으로, 2027년에 개통하는 것을 목표로 계획되어 있다.

2014년 기준, 할인율 5.5%를 적용하여 분석한 결과 BCR은 1.0으로 경제적 타당성이 있는 것으로 분석되었다.

교통량 예측은 2014년을 기준연도로 하여 공용개시연도 2027년과 분석연도 2030년, 2035년, 2040년을 대상으로 수행되었으며, 2040년 이후부터 2056년까지는 교통량이 동일하다고 가정되었다.

---

7 정우현 외(2016).

[그림 4-1] A~B 구간 고속도로 노선도

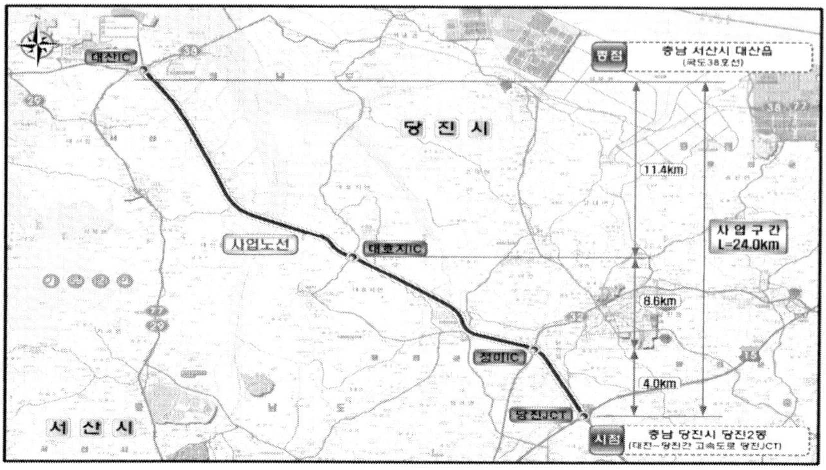

자료: 정우현 외(2016).

교통량 예측의 불확실성과 관련해서 대산항 주변, 아산시, 예산군, 홍성군, 대산읍 주변의 장래 개발계획 및 교통시설 공급에 따라 향후 교통량 예측 결과의 변동 가능성이 높을 것으로 제시하였다. 또한 개발계획 및 교통시설 공급의 실현 가능성과 미반영된 장래 개발계획의 추진 여부에 따라 교통량 예측의 불확실성은 매우 높을 것으로 제시하였다.

공사비, 부대비, 용지보상비, 예비비를 포함하는 총사업비는 650,224백만원(부가세 포함)으로 산출되었다. 유지관리비는 개통연도부터 30년 동안 총 300,105백만원으로 산출되었다.

편익은 예비타당성조사 지침에 따라 운행비용 절감편익, 통행시간 절감편익, 교통사고 절감편익 그리고 환경비용 절감편익으로 구분하여 산출되었고 교통량 예측과 마찬가지로 2027년, 2030년, 2035년, 2040년에 대한 편익이 추정되었다.

[그림 4-2]는 'A~B 구간 고속도로 신설사업'의 연도별 교통량 예측 결과와 (할인 후) 비용 및 편익을 보여주고 있다. 개통연도인 2027년 편익은 22,870백만원/년으로 예측되었다.

한편, 민감도 분석 결과 <표 4-1>과 같이 할인율이 0.5% 이상 증가 시,

[그림 4-2] 연도별 교통량 비용 및 편익 예측 결과

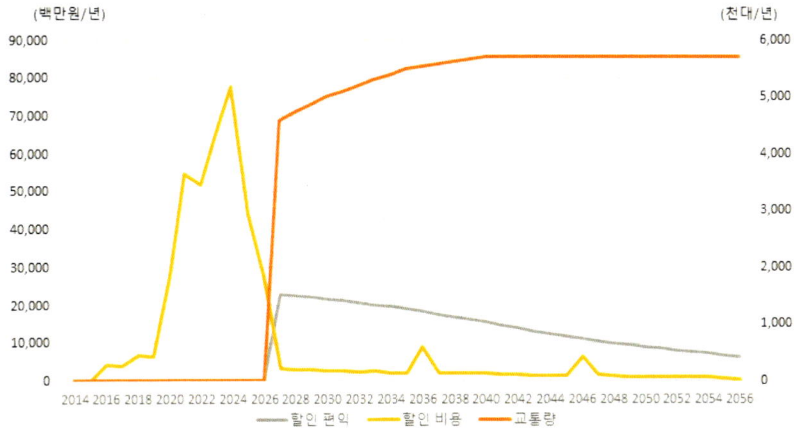

자료: 정우현 외(2016).

<표 4-1> 민감도 분석 결과

(단위: 백만원, %)

구분		총 할인 편익	총 할인 비용	BCR	NPV	IRR
할인율 변화	4.5%	486,158	551,097	1.13	64,939	5.49%
	5.0%	460,293	489,528	1.06	29,235	
	기준(5.5%)	436,399	435,740	1.00	-659	
	6.0%	414,270	388,649	0.94	-25,623	
	6.5%	393,726	347,327	0.88	-46,399	
비용 변화	-20%	349,119	435,740	1.25	86,621	7.31%
	-10%	392,759		1.11	42,981	6.34%
	기준	436,399		1.00	-659	5.49%
	+10%	480,039		0.91	-44,299	4.73%
	+20%	523,679		0.83	-87,939	4.06%
편익 변화	-20%	436,399	348,592	0.80	-87,807	3.74%
	-10%		392,166	0.90	-44,233	4.66%
	기준		435,740	1.00	-659	5.49%
	+10%		479,314	1.10	42,915	6.25%
	+20%		522,888	1.20	86,489	6.97%

자료: 정우현 외(2016).

비용이 10% 이상 증가 시, 편익이 10% 이상 감소 시 경제적 타당성이 확보되지 않는 것으로 나타났다(BCR < 1).

제2절 불확실성 분석

1. 시뮬레이션 과정 및 절차

대상 사업의 경제적 타당성 평가 결과의 불확실성을 분석하기 위한 절차는 [그림 4-3]과 같다. 먼저 GBM하에서 초기 개통연도 교통량 예측오차(e_1)의 확률 분포와 평균 교통량 증가율(α)과 변동성(σ)을 이용하여 장래 교통량을 산출한다. 다음으로 산출한 Frechet 확률 분포의 모수를 이용하여 총사업비를 산출하고, 여기에 예비타당성조사에서 제시된 유지관리비를 더하여 총비용을 산출한다. 편익은 구축된 회귀모형을 통해 생성한다. 산출한 편익과 비용을 이용하여 경제적 타당성 평가 지표인 편익/비용 비율(Benefit-Cost Ratio: BCR)을 산출한다. 위의 절차대로 10,000번

[그림 4-3] 불확실성 분석을 위한 시뮬레이션 절차 및 흐름

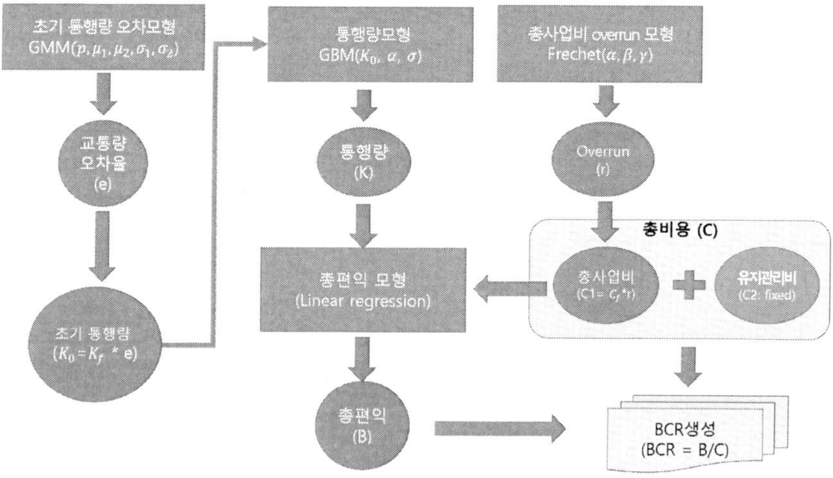

의 시뮬레이션을 수행하여 대상 사업의 교통량 및 비용 예측값과 BCR의 불확실성을 분석한다.

2. 예측 교통량

장래 예측 교통량(K)의 변화는 기하브라운 모형(Geometric Brownian Motion: GBM)을 따른다고 가정하였다. GBM 모형은 개통연도 교통량(K_0)뿐만 아니라 장래 교통량 증가율(α)과 변동성(σ) 모수로 구성된다.

GMM 분포하에서 개통연도 교통량(K_0)은 교통량 예측오차(e_1)와 예비타당성조사에서 제시된 개통연도 예측 교통량(K_f)의 곱으로 산출하였다. 장래 예측 교통량은 예비타당성조사를 수행한 도로사업들의 평균 교통량 증가율(α=0.0166) 및 변동성(σ=0.00785) 결과를 이용하여 GBM 모형에서 계산되었다.

$$K \sim GBM(K_0, \alpha = 0.0166, \sigma = 0.00785) \tag{13}$$

$$K_0 = K_{of} \times \exp(e_1) \tag{14}$$

시뮬레이션을 10,000번 반복하여 생성된 교통량의 분포를 히스토그램으로 표현하면 [그림 4-4]와 같다. 빨간 점선에 해당하는 교통량은 예비타당성조사 보고서에서 제시된 예측 교통량을 의미한다.

시뮬레이션을 통해 산출되는 10,000개의 교통량의 분포는 예비타당성조사 보고서에서 제시한 예측 교통량 값보다 작은 수준에서 더 많이 분포되어 있는 것으로 판단된다. 이는 예비타당성조사에서 제시한 예측 교통량이 과다 예측될 가능성이 높음을 의미한다.

예비타당성조사 보고서에서 제시된 교통량과 시뮬레이션을 통해 산출되는 예측 교통량을 비교 분석한 결과, 예비타당성조사 보고서에 제시된 예측 교통량보다 시뮬레이션에서 산출되는 교통량이 클 확률이 0.381에 그치고 있어 예비타당성조사 보고서에 제시된 예측 교통량은 과대 산정될 가능성이 높을 것으로 분석되었다.

[그림 4-4] 시뮬레이션을 통해 예측되는 교통량 분포

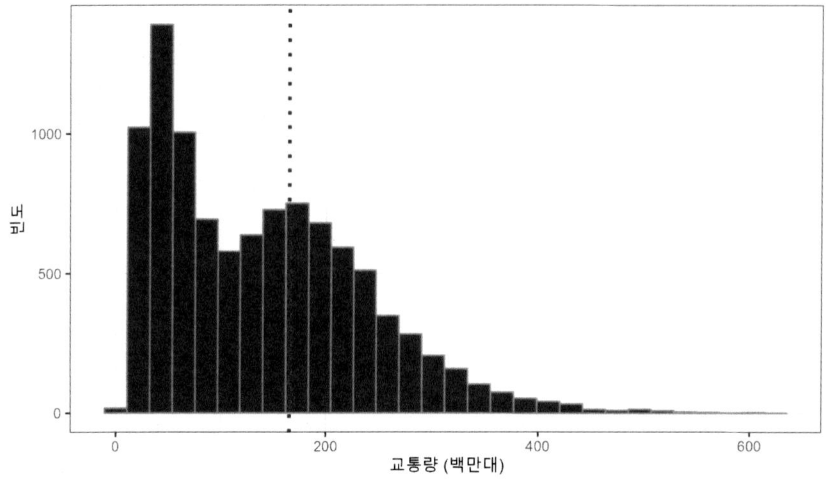

<표 4-2> 기준값에 따른 K/K^{*}의 확률

기준값(x)	$P(\frac{K}{K^{*}} \leq x)$	$P(\frac{K}{K^{*}} > x)$
0.1	0.014	0.986
0.3	0.217	0.783
0.5	0.368	0.632
0.7	0.464	0.536
0.9	0.563	0.437
1.0	0.619	0.381
1.1	0.677	0.323
1.2	0.731	0.269
1.3	0.780	0.220

사업 추진에 따른 편익값이 교통량과 밀접한 관계가 있음을 감안할 때, 예비타당성조사에서 제시된 편익값도 과대 예측되었을 가능성이 높음을 시사한다.

3. 예측 비용

도로 건설 및 유지관리에 소요되는 비용(C)은 총사업비($C^{(1)}$)와 유지관리비($C^{(2)}$)로 구분할 수 있다. 본 연구에서의 비용 관련 불확실성 변수로는 총사업비($C^{(1)}$)만을 고려하였다. 유지관리비($C^{(2)}$)의 경우 총사업비($C^{(1)}$) 내 포함되어 있는 공사비의 일정 비율로 산정하기 때문이다.

총사업비($C^{(1)}$)는 Frechet 분포하의 예측 총사업비($C_f^{(1)}$)의 오차(e_2)의 곱으로 산출하였다.

$$C^{(1)} = C_f^{(1)} \times (1 + e_2), \tag{15}$$

$$e_2 \sim Frechet(\alpha = 10.30, \beta = 297.3, \gamma = -300)$$

시뮬레이션을 10,000번 반복하여 산출한 비용의 분포를 히스토그램으로 표현하면 [그림 4-5]와 같다. 빨간 점선에 해당하는 비용은 예비타당성조사 보고서에서 제시된 비용을 의미한다.

분석 결과, 예비타당성조사 보고서에서 제시된 예측 비용이 시뮬레이션을 통해 산출된 비용보다 클 확률이 높을 것으로 분석되었다.

예비타당성조사 보고서에 제시된 비용의 증감 확률을 분석한 결과, 시뮬레이션을 통해 산출되는 비용이 예비타당성조사 보고서에 제시된 예측 비용의 90% 수준보다 작게 산출될 확률은 0.256에 그치는 것으로 분석되었다. 반면, 예비타당성조사 보고서에 제시된 예측 비용보다 시뮬레이션을 통해 산출되는 비용이 높아질 확률은 0.588에 이르고 있어 상당 부분 예비타당성조사 보고서에 제시된 예측 비용은 과소 예측될 가능성이 높을 것으로 분석되었다.

[그림 4-5] 시뮬레이션을 통해 예측되는 비용 분포

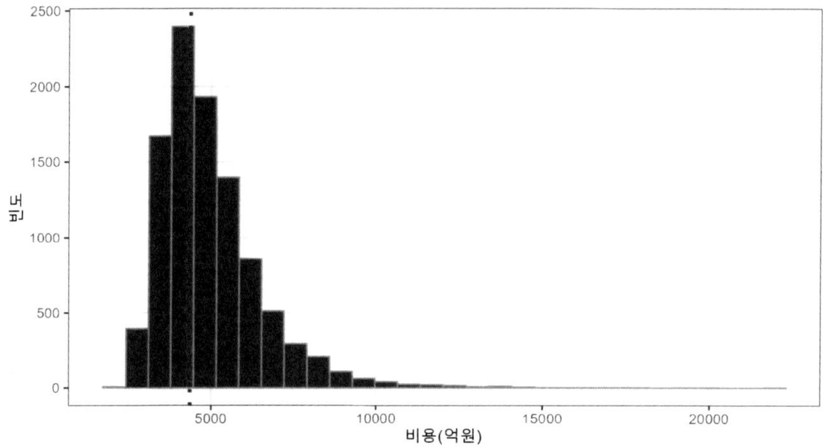

<표 4-3> 기준값에 따른 C/C^*의 확률

기준값(x)	$P(\frac{C}{C^*} \leq x)$	$P(\frac{C}{C^*} > x)$
0.1	0.000	1.000
0.3	0.000	1.000
0.5	0.000	1.000
0.7	0.034	0.966
0.9	0.256	0.744
1	0.412	0.588
1.1	0.548	0.452
1.2	0.661	0.339
1.3	0.753	0.247

4. 예측 편익

본 연구에서 생성하는 미래 편익값은 발생 가능성이 높은 타당한 미래 편익값을 의미한다. 교통량 및 비용과 편익의 관계가 미래에도 지속적으로 작용한다는 가정을 전제로 미래 편익값을 산출하였다. 교통량(K)과 총사업비($C^{(1)}$) 등을 설명변수로 구축한 선형회귀모형을 통해 편익값을

[그림 **4-6**] 시뮬레이션을 통해 예측되는 편익 분포

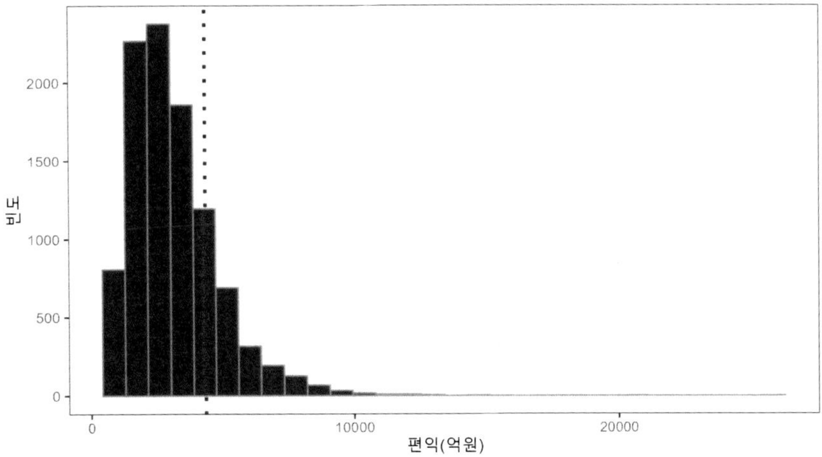

산출하였다.

$$\widehat{\log}(B) = -10.039 + 0.473\log(K) + 1.045\log(C^{(1)}) - 0.565I(Width \geq 5) \qquad (16)$$
$$+ 0.345I(Road\,Type = \text{기타}) + 0.344I(rate = 5.5\%)$$

[그림 4-6]의 히스토그램은 시뮬레이션을 수행한 후 산출되는 편익의 분포를 나타낸다. 빨간 점선에 해당하는 편익은 대상 사업의 예비타당성조사 보고서에서 제시된 편익값을 의미한다.

분석 결과, 예비타당성조사 보고서에 제시된 편익은 교통량과 유사하게 과다 추정될 가능성이 높은 것으로 분석되었다. 특히 현재의 사업 내용으로 추진 시 대상 사업 예비타당성조사 보고서에서 제시된 편익이 시뮬레이션을 통해 산출되는 편익보다 같거나 클 확률은 0.195로 거의 존재하지 않는 것으로 분석되었다. 즉, 획기적인 편익 증가를 위한 사업 내용의 변화 없이는 실제 예상보다 발생할 수 있는 편익은 매우 작을 것으로 분석되었다.

시뮬레이션을 통해 산출되는 편익이 예비타당성조사 보고서에 제시된 예측 편익의 70% 수준보다 작게 산출될 확률이 0.552, 90% 수준보다 작게 산출될 확률이 0.738에 이르고 있다.

[그림 4-7], [그림 4-8]은 비용과 편익 예측값의 결합확률 분포도를 보여준다. 그림에서 보이는 대각선은 BCR 값이 1.0을 나타낸다. 분포도에서 보는 바와 같이 본 사업의 BCR 결과는 다양한 비용과 편익의 조합하에서도 경제적 타당성 평가 기준인 1.0을 하회할 확률이 매우 높음을 보여주고 있다.

<표 4-4> 기준값에 따른 B/B^*의 확률

기준값(x)	$P(\frac{B}{B^*} \geq x)$	$P(\frac{B}{B^*} < x)$
0.1	1.000	0.000
0.3	0.916	0.084
0.5	0.688	0.312
0.7	0.448	0.552
0.9	0.262	0.738
1	0.195	0.805
1.1	0.145	0.855
1.2	0.104	0.896
1,3	0.078	0.922

[그림 4-7] 시뮬레이션을 통해 예측되는 비용과 편익의 결합 확률 분포

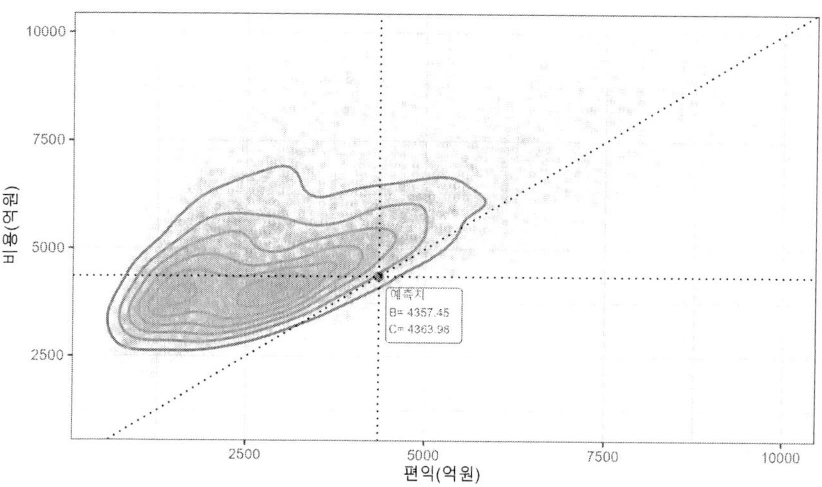

[그림 4-8] 시뮬레이션을 통해 예측되는 C/C^*와 B/B^*의 결합 확률 분포

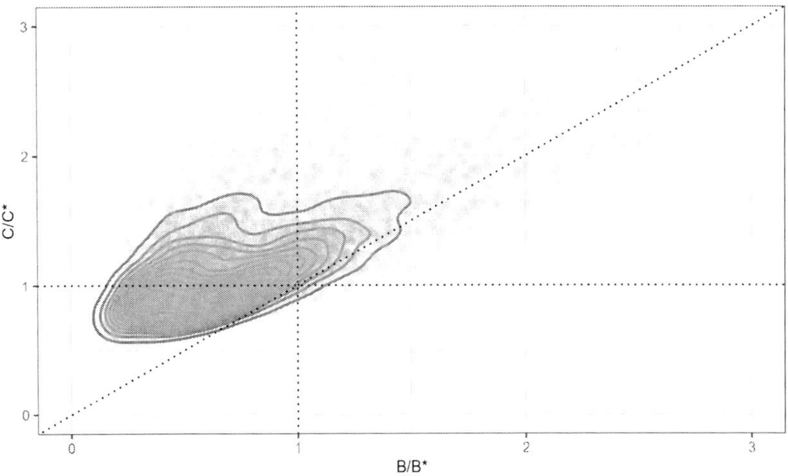

5. 예측 BCR

본 연구에서 사용하는 경제적 타당성 평가 지표는 투자사업으로 인한 편익의 현재가치[8]의 합인 총편익을 비용의 현재가치의 합인 총비용으로 나눈 BCR이다.

시뮬레이션 분석 결과, BCR이 1보다 크거나 같을 확률이 0.048에 불과해 대상 사업의 타당성 평가 결과의 취약성이 매우 높은 것으로 판단되었다. BCR이 0.7 미만일 확률도 0.590에 이르고 있으며, BCR이 0.9 미만일 확률은 0.881이다.

---

8 편익과 비용을 현재가치화하여 비교하는 이유는 도로 투자사업의 경우 사업의 건설기간(n) 단계에는 비용이 발생하고 편익은 $n+1$년부터 생애주기 연도인 N년까지 발생하여 시차가 발생하기 때문이다.

[그림 4-9] 시뮬레이션을 통해 예측되는 BCR 분포

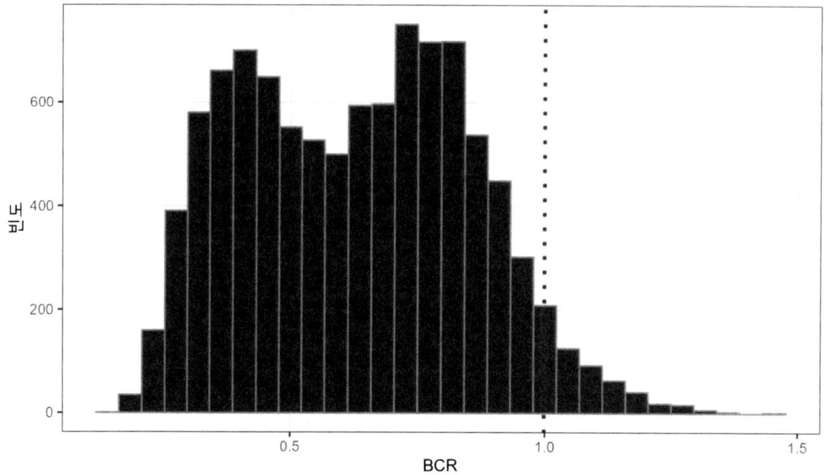

<표 4-5> 시뮬레이션을 통해 산출되는 BCR의 확률

기준값 (x)	BCR		$P(\frac{B}{B^*} \geq x)$	$P(\frac{B}{B^*} < x)$	$P(\frac{C}{C^*} \leq x)$	$P(\frac{C}{C^*} > x)$
	$P(BCR < x)$	$P(BCR \geq x)$				
0.1	0.000	1.000	1.000	0.000	0.000	1.000
0.3	0.063	0.937	0.916	0.084	0.000	1.000
0.5	0.346	0.654	0.688	0.312	0.000	1.000
0.7	0.590	0.410	0.448	0.552	0.034	0.966
0.9	0.881	0.119	0.262	0.738	0.256	0.744
1.0	0.952	0.048	0.195	0.805	0.412	0.588
1.1	0.983	0.017	0.145	0.855	0.548	0.452
1.2	0.995	0.005	0.104	0.896	0.661	0.339
1.3	0.999	0.001	0.078	0.922	0.753	0.247

<표 4-6>은 대상 사업의 편익과 비용 그리고 BCR 불확실성 분석 결과를 종합한 것이다. 대상 사업의 예비타당성조사 보고서에 제시된 BCR의 비율은 1.0이었으나 시뮬레이션을 통해 분석한 결과 BCR의 중앙값(Median)은 0.632, 평균값(Mean)은 0.627에 그치고 있다. 특히 표준편차(SD)는 0.227에 이르고 있어 경제적 타당성 평가 결과의 불확실성과 취

<표 4-6> 예비타당성조사에서 제시된 BCR, 편익 및 비용 예측의 불확실성

	BCR	편익(백만원)	비용(백만원)
예비타당성조사(*)	0.999*	435,745*	436,398*
중간값(Median)	0.632	286,020	463,362
평균값(Mean)	0.627	318,713	499,039
표준편차(SD)	0.227	175,222	161,757

약성이 높음을 알 수 있다. 비용보다는 편익 예측값에 대한 취약성이 커, 향후 사업을 추진 시 편익 증진을 위한 사업 대안이 필요할 것으로 판단된다.

<표 4-6>의 결과는 도로사업 예비타당성조사의 경제적 타당성 판단 기준에 대한 재검토 필요성을 제시하고 있다. 예비타당성조사에서는 편익의 현재가치의 합인 총편익을 비용의 현재가치의 합인 총비용으로 나눈 BCR 값인 1.0을 기준으로 경제적 타당성 여부를 판단하고 있으나 교통량과 편익은 과다 예측될 확률이 높고, 비용은 과소 예측되어 예측치보다 더 소요될 확률이 높을 것으로 분석되었다. 따라서 BCR 값이 현재의 1.0보다 높은 약 1.3 수준이 교통량과 비용 및 편익 예측의 불확실성을 고려 시 적절한 경제적 타당성 판단 기준으로 판단된다.

제5장

상향식 경제적 타당성 평가

교통투자사업의 편익과 비용 예측값에 대한 불확실성은 점차 커져 가고 있다. 특히 미래 변화의 속도가 점차 증가하고 미래에 대한 불확실성의 종류와 특성이 과거에는 경험하지 못했다는 점에서 교통량, 비용 및 편익 예측의 불확실성은 확장되고 깊어지고 있다.

그러나 현재의 경제적 타당성 평가 분석방법은 미래를 매우 단순화한 모형으로 가정하고, 모형에서 산출되는 특정 예측값의 정확성을 전제로 수행되고 있다. 심지어 예측의 불확실성을 감안하지 못한 교통량, 비용 및 편익 예측값이 또 다른 독립적인 예측 모형의 입력 자료로 활용되는 실정이다.

사실 이미 기존의 많은 연구에서 이러한 확정적 미래 예측에 대한 문제를 제기하고 있다. Moroni(2015)는 미래에 대한 신뢰할 만한 예측이 가능한지에 대한 의문을, Lee(1973)는 미래 예측에 대한 불가능성을 전제로 미래 계획에 사용되는 모형들의 필요성과 유용성에 대해 의문점을 제시하고 있다. Sarewitz *et al.*(2000)과 Weaver *et al.*(2013)은 빠르게 변화하는 미래에서 예측의 정확성을 전제로 수행하는 분석은 오히려 바람직하지 않고, 부정적인 결과만을 산출할 가능성이 높다고 주장하고 있다. 따라서 그들은 예측 결과의 정확도보다는 최악의 경우에 대비하여 가능한 최선의 목표를 추구할 수 있는 상향식 의사결정이 중요함을 강조하고 있다.

본 연구에서는 미래 편익과 비용의 예측 결과를 바탕으로 교통투자사업의 추진 여부를 판단하는 현행 하향식(Top-Down) 타당성 분석방법과는 달리, 미래의 불확실성하에서 경제적 타당성 결과에 영향을 미치는 요인들은 무엇이고, 그 영향은 어느 정도이며, 현재의 사업 내용으로 추진 시 해당 목표를 달성할 수 있는 가능성과, 어떠한 사업 추진 방향과 대안이 해당 교통사업이 설정한 투자 목표를 달성할 수 있는지를 제안할 수 있는 상향식 타당성 분석방법의 도입 필요성을 제안한다.

"미래의 교통량과 비용 그리고 편익은 얼마나 발생할 것인가?"라는 정확한 '예측'을 전제로 정책을 시행하는 기존의 하향식 경제적 타당성 평가방법과 달리 "미래의 교통량과 비용 그리고 편익의 정확한 예측이 사실상 불가능한 상황하에서 어떠한 정책 또는 사업 추진 방향을 취해야 하는가?"라는 상향식 경제적 타당성 평가방법의 도입을 제안한다.

이러한 상향식 방법의 타당성 평가는 확정적 예측값으로 사업을 추진하거나 추진하지 않는 이분법적 타당성 평가 판단에서 벗어나 보다 효율적이며 효과적인 사업 추진 대안을 마련하는 데 기여할 수 있을 것으로 판단된다. 특히 경제적 타당성의 분석 없이 추진하는 사업의 경우, 해당 사업투자가 초래할 수 있는 문제점과 부정적인 효과를 사전에 파악할 수 있게 하고, 이에 대응하는 사업 추진 대안을 준비하는 데 도움을 주어 보다 경제적 타당성이 높은 사업 추진 계획과 내용으로 진행될 수 있도록 도움을 줄 수 있을 것이다. 뿐만 아니라 사업 추진의 위험과 부정적인 효과에 대한 대안을 사전에 마련하고 준비하는 데 있어, 타당성 분석 전문가뿐만 아니라 일반 국민의 의견과 참여를 촉진할 수도 있다.

[그림 5-1]은 본 연구에서 제안하는 도로 투자사업의 상향식 경제적 타당성 평가방법의 내용 및 수행 절차이다.

먼저, 경제적 타당성 평가를 수행하기 위한 비용 및 편익 항목 지표를 설정한다. 예비타당성조사에서 고려하는 도로 투자사업의 편익 항목은 차량운행비용 절감편익, 통행시간 절감편익, 교통사고 감소편익, 환경비용 절감편익이며 비용은 총사업비와 유지관리비이다. 경제적 타당성 평가지표는 편익의 현재가치의 합인 총편익을 비용의 현재가치의 합인 총비용

[그림 5-1] 상향식 경제적 타당성 평가방법의 내용 및 수행 절차(도로 투자사업)

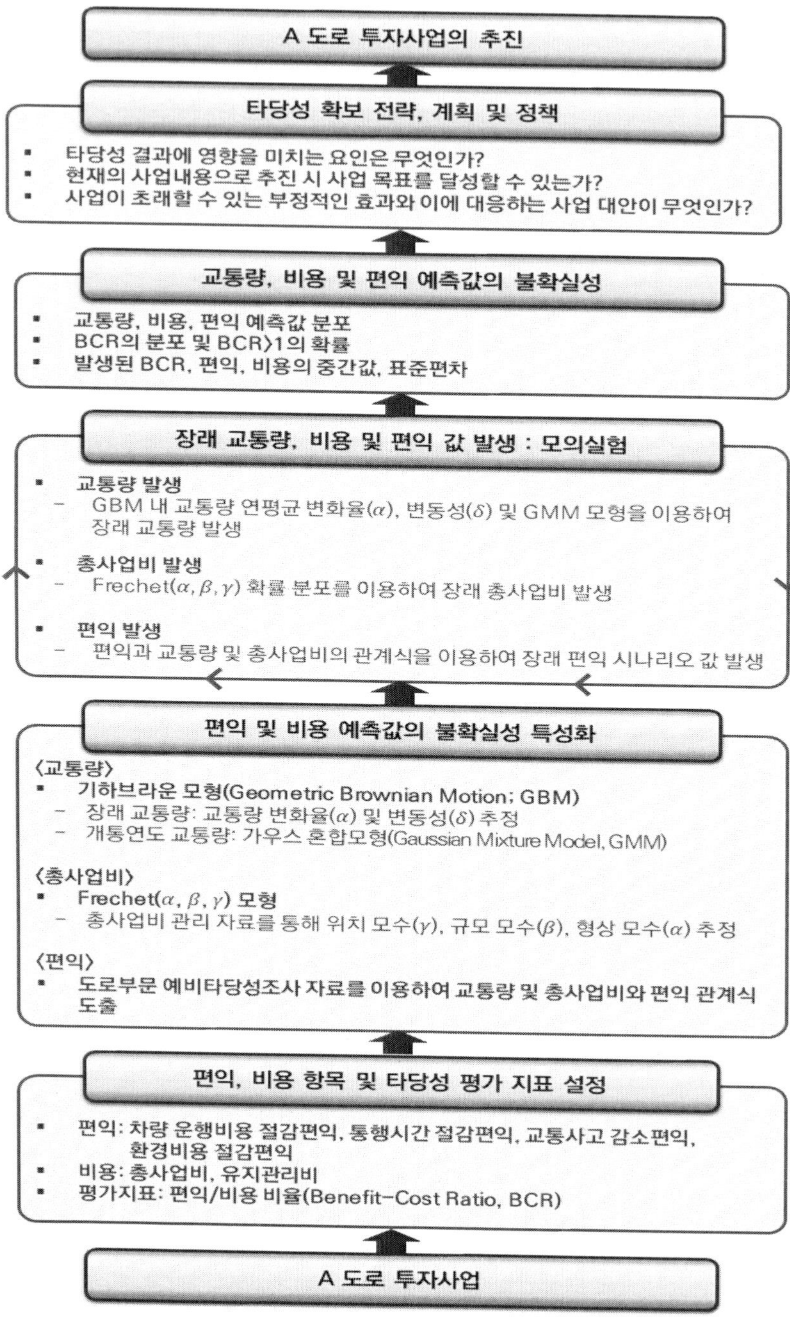

으로 나눈 BCR 값이다.

경제적 타당성 평가 지표를 설정한 후, 교통량과 비용 그리고 편익의 확정적 예측치를 추정하는 하향식 평가와 달리 미래 교통량과 비용 그리고 편익 발생 값의 범위와 불확실성을 분석한다. 교통량의 경우 본 연구에서 정산된 기하브라운 확률 분포 모형으로, 총사업비의 경우 Frechet 확률 분포를 이용해 불확실성하에서 발생 가능한 교통량과 비용 값을 산출할 수 있다. 한편, 미래 편익 시나리오 값과 예측의 불확실성은 본 연구에서 제시하는 회귀식 모형을 이용해 고려할 수 있다.

산출된 교통량과 비용 및 편익 예측값의 불확실성을 통해 교통량과 비용 값의 확률적 분포뿐만 아니라 경제적 타당성 평가 지표의 달성 여부를 확률적으로 산출한다. 기대할 수 있는 타당성 평가 결과의 평균 및 중앙값도 분석할 수 있다.

이렇게 산출된 교통량과 비용 및 편익, 그리고 BCR의 불확실성을 바탕으로 사업 추진의 위험과 부정적인 효과 등을 분석한다. 그리고 이에 대응하는 대안과 사업 추진의 목표를 달성할 수 있는 사업 추진 방향과 대안, 그리고 정책을 모색한다.

제6장

종합 및 의의

인구구조의 변화 및 교통과 관련된 새로운 기술의 출현 등으로 교통투자사업의 교통량, 비용 및 편익 예측의 불확실성은 존재한다. 특히 30년 이후의 장기적인 미래 예측을 기반으로 한다는 점에서, 그리고 미래 변화의 속도가 점차 증가한다는 점에서 교통량, 비용 및 편익 예측의 불확실성은 깊어진다.

도로사업 예비타당성조사의 경제적 타당성 평가 결과의 불확실성을 실증적으로 분석한 결과, 제시된 예측 편익이 시뮬레이션을 이용한 예측 결과보다 클 확률은 0.195에 그치며, 예비타당성조사 보고서에 제시된 예측 비용은 과소 예측되었을 확률이 높을 것으로 분석되었다.

종합적으로 대상 도로사업의 경제적 타당성 결과는 편익 발생의 취약성 및 비용 증가의 가능성으로 강건하지 않은 것으로 판명되었다. 예비타당성조사에서는 BCR 결과를 1.0으로 제시하였지만, BCR이 1과 같거나 클 확률은 0.048에 불과한 것으로 분석되었다.

본 연구는 실증적인 타당성 평가 결과의 불확실성을 바탕으로 미래의 불확실성하에서 타당성 결과에 영향을 미치는 요인들은 무엇이고, 그 영향은 어느 정도이며, 현재의 사업 내용으로 추진 시 해당 목표를 달성할 수 있는 가능성과, 어떠한 사업 추진 방향과 전략이 해당 교통사업이 설정한 투자 목표를 확보할 수 있는지를 제안할 수 있는 상향식 타당성 분석방법의 도입 필요성을 제안하였다. 상향식 방법의 타당성 평가를 도입

함으로써 향후 효율적 투자를 강조하는 타당성 평가의 순 기능을 제고하고, 확정적 예측값으로 사업을 추진하거나 추진하지 않는 이분법적 타당성 평가 판단에서 벗어나 보다 효율적이며 효과적인 사업 추진 대안을 마련하는 데 기여할 수 있을 것으로 판단된다. 사업 추진의 위험과 부정적인 효과에 대한 대안을 사전에 마련하고 준비하는 데 있어, 타당성 분석 전문가뿐만 아니라 일반 국민의 의견과 참여를 촉진할 수 있는 계기도 마련할 수 있을 것이다.

본 연구에서는 우리나라 예비타당성조사의 교통량 및 비용 예측오차의 확률 분포도 처음으로 제시하였다. 이러한 정보는 향후 도로 재정투자사업의 규모와 추진 시기뿐만 아니라 통행요금 수준을 결정하는 데 중요한 정보로 활용될 수 있을 것이다. 특히 민간투자사업인 경우 교통량 및 비용 예측 결과는 민간투자사업의 추진 여부 및 사용료, 건설보조금 및 투자위험 분담금 수준 등을 결정하는 협약 조건임을 감안할 때, 교통량 및 비용 예측오차의 확률 분포는 민간투자 사업자에게 사업의 재무적 위험을 사전에 파악할 수 있게 하고, 이에 대응할 수 있는 사업 대안을 마련할 수 있는 기회를 줄 수 있을 것으로 판단한다. 정부도 건설보조금, 투자위험 분담금, 최소운영수입보장금 등의 급격한 증가 가능성을 사전에 파악할 수 있어, 효율적인 민간투자사업의 추진과 민간투자사업 추진에 따른 미래의 재정부담 증가 가능성을 줄일 수 있다.

본 연구에서 제시하는 결과는 특정 도로사업의 불확실성을 분석한 결과이다. 도로사업에 따라 교통량 및 사업의 규모, 그리고 도로 유형 등에 따라 비용과 편익 예측의 불확실성 정도와 규모는 달라질 수 있다. 또한 충분한 자료 수집을 통해 본 연구에서 가정한 불확실성 확률 분포의 검증도 필요할 것으로 판단된다.

참고문헌

김강수, 『SOC 투자의사결정 합리화 방안: 도로부문 교통량 추정위험 분석을 중심으로』, 정책연구시리즈 2007-06, 한국개발연구원, 2007.

김강수 외, 『도로·철도 부문 사업의 예비타당성조사 표준지침 수정·보완 연구(제5판)』, 한국개발연구원, 공공투자관리센터, 2008.

박노욱 외, 『공공건설사업의 효율화 방안에 관한 연구』, 한국조세재정연구원, 2010.

정우현 외, 『A~B 구간 고속도로 신설사업』, 2016년 예비타당성조사 보고서, 한국개발연구원, 2016.

조종석 외, 『미래 교통수요 변화 대응 교통 SOC 추진전략 수립』, 한국교통연구원, 2019.

Baxter, M. and A. Rennie, *Financial Calculus: An Introduction to Derivative Pricing*. Cambridge University Press, Cambridge, England, 1996.

Boyce, A. M. and M. J. Bright, "Reducing or Managing the Forecasting Risk in Privately- Financed Projects," Paper presented at the European Transport Conference, Strasbourg, France, 2003.

Brigo, Damiano, Antonio Dalessandro, Matthias Neugebauer, and Fares Triki, "A Stochastic Processes Toolkit for Risk Management," 2008.

Coles, Stuart, "Classical Extreme Value Theory and Models," In An Introduction to Statistical Modeling of Extreme Values, edited by Stuart Coles, 45–73. London: Springer London, 2001.

Croghan, Jakob, John Jackman, and K. Jo Min, "Estimation of Geometric Brownian Motion Parameters for Oil Price Analysis," IISE Annual Conference. Proceedings, Institute of Industrial and Systems Engineers(IISE), 2017, pp.1858~1863.

Delignette-Muller, Marie Laure and Christophe Dutang, "Fitdistrplus: An R Package for Fitting Distributions," *Journal of Statistical Software*, 64, No. 4, 2015, pp.1~34.

Flyvbjerg, Bent, Nils Bruzelius, and Werner Rothengatter, *Megaprojects and Risk: An Anatomy of Ambition.*, United Kingdom; New York: Cambridge

University Press, 2003.

Fouracre, P. R., R. J. Allport and J. M. Thompson, "The Performance and Impact of Rail Mass Transit in Developing Countries," Research Report 278, Transportation and Road Research Laboratory(TRRL), Crowthrone, Berkshire, 1990.

Hugosson, Muriel Beser, "Quantifying Uncertainties in a National Forecasting Mode," *Transportation Research Part A: Policy and Practice,* 39, no. 6, 2005, pp.531~547.

de Jong, Gerard, Andrew Daly, Marits Pieters, Stephen Miller, Ronald Plasmeijer, and Frank Hofman, "Uncertainty in Traffic Forecasts: Literature Review and New Results for The Netherlandsk" *Transportation,* 34, No. 4, 2007, pp.375~395.

Kim, Kangsoo, Seunghan Baek, and Hyejin Cho, "Impact of a Preliminary Feasibility Study on the Accuracy of Traffic Forecasts in the Case of Korea," *Transportation Research Part A: Policy and Practice,* 147, 2021, pp.197~211.

Kriger, D. S., S. Shiu, S. Naylor, and National Cooperative Highway Research Program, "Estimating Toll Road Demand and Revenue," NCHRP Report. Transportation Research Board, National Research Council, 2006.

Lam, William H. K. and M. L. Tam, "Risk Analysis of Traffic and Revenue Forecasts for Road Investment Projects," *Journal of Infrastructure Systems,* 4, No. 1, 1998, pp.19~27.

Lee, Douglass B., "Requiem for Large-Scale Models," *Journal of the American Institute of Planners,* 39, No. 3, 1973, pp.163~78.

Love, Peter E. D., Xiangyu Wang, Chun-pong Sing, and Robert L. K. Tiong, "Determining the Probability of Project Cost Overruns," *Journal of Construction Engineering and Management,* 139, No. 3, 2013, pp.321~330.

Mierzejewski, E. A., *A New Strategic Urban Transportation Planning Process,* University of South Florida, 1995.

Moroni, Stefano, "Complexity and the Inherent Limits of Explanation and Prediction: Urban Codes for Self-Organising Cities," *Planning Theory,* 14, No. 3, 2015, pp.248~267.

Pickrell, Don H., "A Desire Named Streetcar Fantasy and Fact in Rail Transit Planning," *Journal of the American Planning Association,* 58, No. 2, 1992, pp.158~176.

Sarewitz, Daniel R., Roger Pielke, and Radford Byerly, *Prediction: Science, Decision Making, and the Future of Nature,* Washington, DC: Island Press, 2000.

Weaver, Christopher P., Robert J. Lempert, Casey Brown, John A. Hall, David Revell, and Daniel Sarewitz, "Improving the Contribution of Climate Model Information to Decision Making: The Value and Demands of Robust Decision Frameworks," *WIREs Climate Change,* 4, No. 1, 2013, pp.39~60.

분석 자료

김재영 외, 『국도19호선(장수~번암) 우회도로 건설사업』, 2014년 타당성재조사 보고서, 한국개발연구원, 2014.

김탁경 외, 『호남고속도로지선(유성~회덕) 확장사업』, 2017년 예비타당성조사 보고서, 한국개발연구원, 2017.

김희경 외, 『오송~청주국제공항 연결도로 건설』, 2011년 예비타당성조사 보고서, 한국개발연구원, 2011.

노승범 외, 『이화~삼계간 도로개설사업』, 2017년 예비타당성조사 보고서, 한국개발연구원, 2017.

박상준 외, 『다사~왜관 광역도로사업』, 2016년 예비타당성조사 보고서, 한국개발연구원, 2016.

성철식 외, 『경부고속도로 회덕IC 연결도로』, 2016년 예비타당성조사 보고서, 한국개발연구원, 2016.

성철식 외, 『고속국도 제15호(서평택~안산) 확장사업』, 2022년 예비타당성조사 보고서, 한국개발연구원, 2022.

성철식 외, 『수도권 제2외곽순환선 안산~인천 고속도로 신설사업』, 2015년 예비타당성조사 보고서, 한국개발연구원, 2015.

성철식 외, 『조치원 우회도로 건설사업』, 2017년 예비타당성조사 보고서, 한국개발연구원, 2017.

양인석 외, 『정림중~버드내교간 도로개설사업』, 2018년 예비타당성조사 보고서, 한국개발연구원, 2018.

유재광 외, 『월전동~무진로간 도로개설사업』, 2016년 예비타당성조사 보고서, 한국개발연구원, 2016.

이승헌 외, 『울산외곽순환고속도로 건설사업』, 2017년 예비타당성조사 보고서, 한국개발연구원, 2017.

이정권 외, 『상개~매암 대도시권 혼잡도로 건설사업』, 2013년 예비타당성조사 보고서, 한국개발연구원, 2013.

이훈기 외, 『화도~양평 고속도로 건설사업』, 2011년 예비타당성조사 보고서, 한국개발연구원, 2011.

정우현 외, 『국도21호선(서천~보령2) 도로 건설사업』, 2016년 타당성재조사 보고서, 한국개발연구원, 2016.

정우현 외, 『대도시권 교통혼잡도로(덕천동~아시아드) 개설사업』, 2014년 타당성재조사 보고서, 한국개발연구원, 2014.

정우현 외, 『대산~당진 고속도로 신설사업』, 2016년 예비타당성조사 보고서, 한국개발연구원, 2016.

정우현 외, 『무주-대구 고속도로(성주-대구) 건설사업』, 2017년 예비타당성조사 보고서, 한국개발연구원, 2017.

최승안 외, 『중부고속도로(음성-호법) 확장사업』, 2017년 타당성재조사 보고서, 한국개발연구원, 2017.

홍성필 외, 『새만금~대구 고속도로 건설사업』, 2010년 예비타당성조사 보고서, 한국개발연구원, 2010.

■ ABSTRACT

Study on Bottom-up Investment Appraisal Methodology under Uncertainty of Costs and Benefits:

Focusing on Economic Feasibility Analysis of Preliminary Feasibility Study for Road Sector

Kang Soo Kim

Transportation investment projects rely on accurate predictions of benefits and costs as fundamental data to determine the feasibility of the project. These predictions also serve as important information to evaluate the investment's effectiveness and the level of fees. However, the predicted values of benefits and costs have become increasingly uncertain due to various factors, such as changes in population demographics, the emergence of new transportation modes, and changes in travel behavior. Despite this growing uncertainty, the current feasibility evaluation methods fail to reflect this uncertainty in predicted benefits and costs.

The purpose of this study is to empirically analyze the uncertainty of predicted traffic volume, costs, and benefits in the preliminary feasibility study of Korean roads, and to propose the need for a new economic feasibility evaluation method that can explore various alternatives for proceeding with the project in the face of such uncertainty, not only for determining whether or not to proceed with the project.

The uncertainty of future predicted traffic volume was characterized using a Geometric Brownian Motion (GBM) model composed of the growth rate(α) and volatility(σ) of traffic volume changes for road projects that underwent preliminary feasibility studies. For the uncertainty of predicted traffic volume during the first year after the project's opening, a Gaussian mixture model probability distribution was considered. The uncertainty of cost predictions was characterized using a Frechet probability distribution, and the uncertainty of benefit predictions was characterized using a regression model using traffic volume and total project costs.

An analysis of the uncertainty of the economic feasibility results in preliminary feasibility studies of road projects revealed that the probability of predicted benefits presented in the preliminary feasibility report being larger than the benefits predicted through simulations was only 0.195, indicating that the benefits presented in the report were likely to be overestimated. In terms of costs, the probability of predicted costs through simulations being higher than the predicted costs presented in the preliminary feasibility report was as high as 0.588.

In summary, the economic feasibility results presented in the preliminary feasibility study were found to be vulnerable to the uncertainty of benefit realization and the possibility of cost increases, indicating that they are not robust. Although the BCR 1.0, which is the feasibility evaluation index for the target project, was provided in the preliminary feasibility study, the simulation analysis showed that the probability of the BCR being equal to or greater than 1 was only 0.048. In particular, the median and mean of the target project's BCR analyzed through simulation were 0.632 and 0.627, respectively.

Therefore, it is deemed necessary to introduce a bottom-up approach to economic feasibility analysis that can identify the factors that influence the economic feasibility results under the uncertainty of traffic volume, cost, and benefit predictions, in addition to the traditional economic feasibility analysis method that uses specific predicted values for traffic volume, cost, and benefit. This bottom-up approach can propose alternative business plans to achieve the investment goal set by the transportation project and assess the probability of achieving the goal with the current business plan, as well as suggest alternative business plans that can secure the investment goal set by the transportation project.

The introduction of a bottom-up approach to economic feasibility analysis proposed in this study is expected to enhance the primary function of feasibility analysis, which emphasizes efficient investment in the future. Through the introduction of the bottom-up approach, it is expected that project plans and contents can be prepared in advance to respond to the risks and negative effects that the investment may bring. In addition, it is anticipated that preparing alternatives for the risks and negative effects of the project in advance can also serve as a means to encourage the opinions and participation of not only feasibility analysis experts, but also the general public.

KDI 신간안내

RECENT KDI PUBLICATION

청년층의 지역 간 이동에 관한 연구: 대학 진학을 중심으로

한요셉

정책연구시리즈 | 크라운판 | 92쪽 | 정가 2,000원

본 보고서는 청년층 지역 선택의 결정요인을 신뢰할 만한 방법론을 통해 분석하고, 한 걸음 더 나아가 구조모형적 접근을 통해 정책 효과를 시뮬레이션하여 구체적인 방향을 제시함으로써 기존의 연구들과 차별화되는 결과를 제시하고 있다. 과거에 있었던 청년층 진학 및 취업에 대한 외생적 변화로부터 어떤 선택의 변화가 있었는지를 면밀하게 분석한 결과는 청년층 지역 선택의 요인들을 식별해내고 있다.

법정최고금리 인하의 영향 분석 및 정책제언

김미루

정책연구시리즈 | 크라운판 | 92쪽 | 정가 2,000원

본 연구에서는 법정최고금리 인하에 따른 2금융권 대출 신청률, 대출 승인율, 금리 인하 차주 비율, 소비자 잉여 및 금융기관 이윤 변화 등을 추정한다. 본 연구의 분석 결과는 법정최고금리를 인하할 때 벤치마크 결과를 제공함으로써, 법정최고금리 인하 시 정부가 보완대책으로 고려해야 할 잠재적 금융소비자의 규모 및 잠재적으로 배제되는 대출금액의 크기에 대한 정보를 제공한다.

개방경제하에서 재정정책의 효과: 자본수지와 구축효과를 중심으로

최우진

정책연구시리즈 | 크라운판 | 71쪽 | 정가 2,000원

본 보고서는 개방경제하에서의 재정정책 효과를 국가패널을 통하여 분석한다. 특히 최근에 제기된 자본유출입이 구축효과의 규모를 결정하는 중요한 변수이며, 이에 따라 전체적인 재정승수가 결정된다는 주장에 대하여 고찰한다. 42개국의 국가패널 자료를 통한 분석 결과, 자본유입이 있는 경우가 자본유출이 있는 경우보다 재정승수가 더 높음을 확인하였다.

국가채무 증가의 일반균형 효과에 대한 연구

신승룡

정책연구시리즈 | 크라운판 | 73쪽 | 정가 2,000원

기존 재정전망 기법은 성장률이나 이자율 같은 거시전망치를 바탕으로 하며, 2018년에는 약 36%이던 총생산 대비 국가채무비율이 추계 방법에 따라 2060년에 158.7%까지 오를 수 있다고 전망되고 있다. 본 연구는 높이 상승할 것으로 전망되는 국가채무비율을 금융제약이 유효한 이질적 경제주체 일반균형모형의 이행 경로에 반영할 때 발생하는 내생적인 구축효과에 대해 분석한다.

새로운 대북정책과 남북경협의 모색

이석 편

연구보고서 | 크라운판 | 270쪽 | 정가 8,000원

본 보고서는 이제까지 한국사회가 추진해 온 남북경협을 전면적이고도 체계적으로 분석하고 있다. 앞으로 남북경협이 재개될 경우, 이를 보다 바람직한 방향으로 유도하기 위해서는 본 논의가 반드시 필요할 것이기 때문이다. 특히 본고에서는 한국사회의 대북정책과 남북경협에 관련된 개념(이론), 역사(경제사), 계량적 검증, 그리고 여론이라는 네 가지의 주제를 각각 개별적으로, 또한 동시에 서로 연결하여 종합적으로 토론한다.

자영업자 고용보험 적용에 대한 분석과 정책방향

김민섭 · 김지연

연구보고서 | 크라운판 | 136쪽 | 정가 5,000원

본 보고서는 고용보험 적용의 관점에서 자영업자의 특수성을 실증적으로 분석하고 이를 기반으로 자영업자를 포괄하는 고용보험 적용방안을 제시하였다. 분석 결과에 따르면, 자영업자는 상시적으로 소득변동에 노출되는 만큼 폐업 또는 파산 이전에 선제적으로 작동할 수 있는 사회안전망이 필요하며, 폐업 이후 재창업을 준비하는 경우가 적지 않으므로 자영업자 맞춤형의 재취업 지원 프로그램이 요구된다.

기소권에 따른 반부패기구의 효과 분석

김재훈

정책연구시리즈 | 크라운판 | 61쪽 | 정가 2,000원

반부패기구가 기소권을 가지면 부패대응역량의 약화를 초래하고 기소권을 갖지 않는 경우에 부패대응역량이 강화된다. 이에 본 보고서는 반부패기구의 효과가 기소권 유무에 따라 어떻게 달라지는지 살펴보고, 부패의 정도와 법체계에 따라 그 결과가 유지되는지 검증함으로써 국가의 반부패역량 강화를 위한 정책적 시사점을 도출하고자 한다.

정책연구시리즈 2022-03

비용/편익의 불확실성하에서 상향식 타당성 투자 분석방법 연구: 도로부문 예비타당성조사의 경제적 타당성 평가를 중심으로

인 쇄 2022년 12월 28일
발 행 2022년 12월 31일

저 자 김강수
발행인 조동철
발행처 한국개발연구원
등 록 1975년 5월 23일 제6-0004호
주 소 세종특별자치시 남세종로 263
전 화 (044) 550-4114
팩 스 (044) 550-4310

ISBN 979-11-5932-769-8

값 2,000원

* 잘못된 책은 바꿔드립니다.